Karl Spühler
Neues Scheidungsverfahren

Neues Scheidungsverfahren

von

Prof. Dr. Karl Spühler
Ordinarius für Zivilprozessrecht an der Universität Zürich

Schulthess Polygraphischer Verlag Zürich 1999

© Schulthess Polygraphischer Verlag AG, Zürich 1999
ISBN 3 7255 3924 3

Vorwort

Am 24. Juni 1998 haben die eidgenössischen Räte eine Änderung des Schweizerischen Zivilgesetzbuches beschlossen. Im Zentrum der Novelle steht das neue Scheidungsrecht. In massgeblichem Zusammenhang damit erfolgten auch Änderungen des Bundesgesetzes vom 25. Juni 1982 über die berufliche Alters-, Hinterlassenen- und Invalidenvorsorge und des Freizügigkeitsgesetzes vom 17. Dezember 1993. Der Bundesgesetzgeber greift mit dem neuen Scheidungsrecht ausgedehnt und tief ins kantonale Prozessrecht ein. Schon heute kündigen sich viele Streitfragen an. Aufgabe der vorliegenden Studie ist es, Kantonen, Gerichten, Rechtsanwälten, Vormundschaftsbehörden und Sozialversicherungseinrichtungen eine Hilfe für die Anwendung des neuen Scheidungsverfahrensrechts zu leisten.

Ein besonderer Dank gebührt der Stiftung für wissenschaftliche Forschung an der Universität Zürich, welche die Arbeit mit einem Beitrag unterstützte. Das Sachregister erstellte meine Tochter lic. iur. Claudia Spühler, die Schreibarbeiten besorgte Ariane Spühler, Notarstudentin. Rechtsanwalt lic. iur. Dominik Vock sah das Manuskript kritisch durch und brachte viele wertvolle Anregungen ein. Danken möchte ich schliesslich den Herren Werner Stocker und Bénon Eugster für die einwandfreie Betreuung der Arbeit durch den Verlag.

Zürich, im Juni 1999

Karl Spühler

Inhaltsübersicht

Inhaltsverzeichnis	9
Abkürzungsverzeichnis	13
Literaturverzeichnis	15
Materialien	17

I. Teil: Prozessuale Neuerungen

§ 1	Ausgangslage	21
§ 2	Zuständigkeit	23
§ 3	Rechtshängigkeit	26
§ 4	Vorsorgliche Massnahmen	29
§ 5	Verfahrensgrundsätze	32
§ 6	Genehmigung der Scheidungsvereinbarung	50
§ 7	Rechtskraft	58
§ 8	Anfechtung und Erläuterung der rechtskräftigen Scheidungsvereinbarung	59
§ 9	Rechtsmittel bei Scheidung auf gemeinsames Begehren	61
§ 10	Rechtsmittel für Kinder	67

II. Teil: Spezialprobleme

§ 11	Wechsel zur Scheidung auf Klage	71
§ 12	Unterhaltsbeiträge	76
§ 13	Berufliche Vorsorge und Scheidungsverfahren	78
§ 14	Neue Probleme im Zusammenhang mit der Einheit des Scheidungsurteils	82
§ 15	Keine Prozesseinstellung im Konkurs	84
§ 16	Abänderung eines rechtskräftigen Urteils	85
§ 17	Trennungsprozess	89
§ 18	Vollstreckungsrechtliche Fragen	92
§ 19	Internationales	96
§ 20	Übergangsrecht	99

Massgeblicher Gesetzestext	102
Sachregister	113

Inhaltsverzeichnis

Abkürzungsverzeichnis 13

Literaturverzeichnis 15

Materialien 17

I. Teil: Prozessuale Neuerungen

§ 1   **Ausgangslage**   21
§ 2   **Zuständigkeit**   23
    1. Örtliche Zuständigkeit   23
        a) Alternativer Gerichtsstand   23
        b) Weitere Anwendungsbereiche des alternativen Gerichtsstandes   23
    2. Sachliche Zuständigkeit   24
        a) Allgemeines   24
        b) Sachliche Zuständigkeit bei Abänderungsklagen   24
§ 3   **Rechtshängigkeit**   26
    1. Allgemeines   26
    2. Gemeinsames Scheidungsbegehren   26
    3. Scheidungsklage   27
§ 4   **Vorsorgliche Massnahmen**   29
    1. Aufhebung des gemeinsamen Haushaltes   29
    2. Eigentliche vorsorgliche Massnahmen   29
    3. Zuständigkeit   30
    4. Verfahren   30
§ 5   **Verfahrensgrundsätze**   32
    1. Untersuchungsmaxime   32
        a) Allgemeines   32
        b) Bei Art. 114 und 115 ZGB   32
        c) Bei Art. 116 ZGB   33
        d) Bei Art. 111 ZGB   33
    2. Freie Beweiswürdigung   34
    3. Ausschluss von Beweismitteln   34

	4.	Persönliche Anhörung	35
		a) Anhörung im Allgemeinen	35
		b) Anhörung bei Scheidungsklagen	36
		c) Anhörung bei Scheidung auf gemeinsames Begehren	36
		d) Ausnahmen	38
	5.	Anhörung in Kinderbelangen	38
		a) Allgemeines	38
		b) Anhörung der Eltern	39
		c) Anhörung der Kinder	39
		d) Anhörung der Kinder als Zeugen	41
	6.	Untersuchungsmaxime in Kinderbelangen	41
	7.	Offizialmaxime in Kinderbelangen	42
	8.	Vertretung des Kindes im Prozess der Eltern	43
		a) Allgemeines	43
		b) Vertretung des Kindes als Ausnahmefall	43
		c) Voraussetzungen der Vertretung des Kindes	44
		d) Beistandsbestellung	45
		e) Kosten- und Entschädigungsfolgen	46
	9.	Noven	47
		a) Allgemeines	47
		b) Inhalt des Novenrechts	48
		c) Anwendungsbereich des Novenrechts	49
		d) Folgen des Novenrechts	49
§ 6	**Genehmigung der Scheidungsvereinbarung**		**50**
	1.	Allgemeines	50
	2.	Wesen und Bindung der Vereinbarung	51
	3.	Zweck der Genehmigung	51
	4.	Zuständigkeit	52
	5.	Rechtsnatur der Genehmigung	52
	6.	Form der Genehmigung	53
	7.	Teilvereinbarung	53
	8.	Teilweise Genehmigung	53
	9.	Gründe für die Nichtgenehmigung	54
		a) Fehlende reifliche Überlegung	54
		b) Vorliegen eines Willensmangels	54
		c) Weitere Rechtsmängel	54
		d) Unangemessenheit	55
		e) Unangemessenheit und Abänderungsverzicht	56
	10.	Genehmigung bei BVG-Vereinbarungen	56

§ 7	Rechtskraft	58
	1. Grundsatz der Teilrechtskraft	58
	2. Ausnahmen	58
§ 8	**Anfechtung und Erläuterung der rechtskräftigen Scheidungsvereinbarung**	59
	1. Revision von Bundesrechts wegen	59
	2. Vorbehaltenes kantonales Recht	60
	3. Erläuterung	60
§ 9	**Rechtsmittel bei Scheidung auf gemeinsames Begehren**	61
	1. Einschränkung der Rechtsmittelmöglichkeiten	61
	2. Beschränkung auf den Scheidungspunkt	61
	3. Beschränkung auf ordentliche Rechtsmittel	61
	4. Beschränkung der Rügegründe	62
	5. Anfechtung der einvernehmlichen Scheidungsfolgen	63
§ 10	**Rechtsmittel für Kinder**	67
	1. Kind mit Parteistellung	67
	2. Kind ohne Parteistellung	67
	3. Nichtgewährung der Parteistellung	67

II. Teil: Spezialprobleme

§ 11	**Wechsel zur Scheidung auf Klage**	71
	1. Allgemeines	71
	2. Fehlen der Voraussetzungen für die Scheidung auf gemeinsames Begehren	71
	3. Fristansetzung	71
	4. Unbenützter Fristablauf	72
	5. Kosten- und Entschädigungsregelung	73
	6. Verfahrensrechtliche Fragen	73
	7. Materiellrechtliche Wirkungen	74
§ 12	**Unterhaltsbeiträge**	76
	1. Inhalt von Urteil und Vereinbarung bei Unterhaltsbeiträgen	76
	2. Angabe von Einkommen und Vermögen beider Ehegatten	76
	3. Unterscheidung zwischen nachehelichem und Kinderunterhalt	77
	4. Fehlender Betrag zur Unterhaltsdeckung	77
	5. Lebenskostenindexierung	77
§ 13	**Berufliche Vorsorge und Scheidungsverfahren**	78
	1. Stellung der beruflichen Vorsorge im Scheidungsprozess	78
	2. Einigung der Ehegatten	78
	3. Keine Einigung der Ehegatten	80

§ 14	Neue Probleme im Zusammenhang mit der Einheit des Scheidungsurteils	82
§ 15	Keine Prozesseinstellung im Konkurs	84
§ 16	Abänderung eines rechtskräftigen Urteils	85
	1. Allgemeines	85
	2. Nachehelicher Unterhalt	85
	3. Kinderbelange	85
	4. Vorsorgliche Massnahmen	86
	5. BVG-Ansprüche	87
	6. Verfahrensgrundsätze	87
§ 17	Trennungsprozess	89
	1. Grundlagen	89
	2. Analoge Anwendung des Scheidungsverfahrens	89
	3. Verhältnis zu einem späteren Scheidungsverfahren	90
	4. Dahinfallen der Trennung	90
§ 18	Vollstreckungsrechtliche Fragen	92
	1. Berufliche Vorsorge	92
	2. Nachehelicher Unterhalt	93
	a) Allgemeines	93
	b) Inkassohilfe	94
	c) Alimentenbevorschussung	94
	d) Anweisung an den Schuldner	94
	e) Sicherheitsleistung	95
§ 19	Internationales	96
	1. Allgemeines	96
	2. Örtliche Zuständigkeit	96
	3. Vorsorgliche Massnahmen	97
	4. BVG-Ansprüche	97
§ 20	Übergangsrecht	99
	1. Allgemeine Grundsätze	99
	2. Grundsätzliche Anwendbarkeit des neuen Verfahrensrechts	99
	3. Zulässigkeit neuer Rechtsbegehren	100
	4. Teilrechtskraft	100
	5. Abänderungsverfahren	100
	6. Vollstreckung	101
Massgeblicher Gesetzestext		102
Sachregister		113

Abkürzungsverzeichnis

A.	Auflage
a.a.O.	am angeführten Ort
a.E.	am Ende
AJP	Allgemeine Juristische Praxis
a.M.	anderer Meinung
Amtl. Bull.	Amtliches Bulletin der Bundesversammlung (NR = Nationalrat, SR = Ständerat)
Art.	Artikel
aArt.	alt Artikel (Gemeint sind die bisherigen Bestimmungen des Scheidungsrechts)
ASR	Abhandlungen zum schweizerischen Recht
Botschaft	Botschaft des Bundesrates vom 15. November 1995 über die Änderung des Schweizerischen Zivilgesetzbuches
BVG	Bundesgesetz über die berufliche Alters-, Hinterlassenen- und Invalidenvorsorge vom 25. Juni 1982 (SR 831.40)
bzw.	beziehungsweise
dergl.	dergleichen
ders.	derselbe
d.h.	das heisst
E GestG	Entwurf Bundesgesetz über den Gerichtsstand
f./ff.	und folgende (Seite/Seiten)
FZG	Freizügigkeitsgesetz vom 17. Dezember 1993 (SR 831.42)
GVG	Gerichtsverfassungsgesetz des Kantons Zürich vom 13. Juni 1976 (LS 211.1)
Hg.	Herausgeber
IPRG	Bundesgesetz über das Internationale Privatrecht (IPRG) vom 18. Dezember 1987 (SR 291)
i.S.	in Sachen
i.S.v.	im Sinne von
Kap.	Kapitel
lit.	litera

LugÜ	Übereinkommen über die gerichtliche Zuständigkeit und die Vollstreckung gerichtlicher Entscheidungen in Zivil- und Handelssachen vom 16. September 1988 (SR 0.275.11)
m.E.	meines Erachtens
N	Note
SchKG	Bundesgesetz über Schuldbetreibung und Konkurs vom 16. Dezember 1994 (SR 281.1)
SchlT ZGB	Schlusstitel zum ZGB
SZS	Schweizerische Zeitschrift für Sozialversicherung und berufliche Vorsorge
u.a.	unter anderem
UN-Kinderkonvention	Übereinkommen über die Rechte des Kindes vom 20. November 1989 (SR 0.107)
usw.	und so weiter
u.U.	unter Umständen
VO	Verordnung
z.B.	zum Beispiel
ZBJV	Zeitschrift des Bernischen Juristenvereins
ZGB	Schweizerisches Zivilgesetzbuch vom 10. Dezember 1907 (SR 210)
Ziff.	Ziffer
zit.	zitiert
ZPO	Gesetz über den Zivilprozess des Kantons Zürich (Zivilprozessordnung) vom 13. Juni 1976 (LS 271)

Literaturverzeichnis

Amonn/Gasser: Grundriss des Schuldbetreibungs- und Konkursrechts, 6. A., Bern 1997

Bono-Hörler, Caroline: Familienmediation im Bereiche von Ehetrennung und Ehescheidung, Diss. Zürich 1999

Bühler/Spühler: Berner Kommmentar zum Schweizerischen Zivilgesetzbuch, Das Familienrecht, 1. Abteilung: Das Eherecht, 1. Teilband: Die Ehescheidung, 3. A., Bern 1980

Bundesamt für Justiz: Hinweise und Anregungen für die Vorbereitung der kantonalen Einführungsbestimmungen zur Änderung des ZGB (exkl. Zivilstandswesen) vom 20. Juli 1998 (zit.: BJ Hinweise)

Burger-Sutz, Christine: Die Kinderbelange unter altem und neuem Scheidungsrecht, Diss. Zürich 1999

Frank/Sträuli/Messmer: Kommentar zur zürcherischen Zivilprozessordnung, 3. A., Zürich 1997

Freiberghaus, Dieter: Das neue Scheidungsrecht im Überblick, plädoyer 6 (1998) 35 ff.

Guglielmoni/Mauri/Trezzini: Besuchsrecht und Kinderzuteilung in der Scheidung, AJP 1 (1999) 45 ff.

Hausheer, Heinz: Die wesentlichen Neuerungen des neuen Scheidungsrechts, ZBJV 135 (1999) 1 ff.

Hausheer, Heinz (Hg.): Vom alten zum neuen Scheidungsrecht, Bern 1999: ASR 625

Hegnauer, Cyril: Berner Kommentar zum Schweizerischen Zivilgesetzbuch, Das Familienrecht, Band II, 2. Abteilung, Die Verwandtschaft, 2. Teilband, Die Wirkungen des Kindesverhältnisses, Bern 1997

Heini/Keller/Siehr/Vischer/Volken: IPRG-Kommentar, Zürich 1993 (zit.: Autorenname, IPRG-Komm.)

Hinderling/Steck: Das schweizerische Ehescheidungsrecht, 4. A., Zürich 1995

Honsell/Vogt/Schnyder: Kommentar zum schweizerischen Privatrecht, Internationales Privatrecht, Basel/Frankfurt a.M. 1996 (zit.: Autorenname, Basler Komm.)

Riemer, Hans Michael: Berufliche Vorsorge und revidiertes Ehescheidungsrecht, SZS 42 (1998) 423 ff.

Schwenzer, Ingeborg: Ehegattenunterhalt nach Scheidung nach der Revision des Scheidungsrechts, AJP 2 (1999) 167 ff.

Spühler, Karl: Die Praxis der staatsrechtlichen Beschwerde, Bern 1994

Spühler, Karl: Probleme bei der Schuldbetreibung für öffentlich-rechtliche Geldforderungen, ZBl 100 (1999) 254 ff.

Spühler/Frei-Maurer: Berner Kommentar zum Schweizerischen Zivilgesetzbuch, Das Familienrecht, 1. Abteilung: Das Eherecht, 1. Teilband: Die Ehescheidung, Ergänzungsband, Bern 1991

Spühler/Pfister: Schuldbetreibungs- und Konkursrecht II, Zürich 1997

Sutter-Somm, Thomas: Neuerungen im Scheidungsverfahren, in: Heinz Hausheer (Hg.), Vom alten zum neuen Scheidungsrecht, Bern 1999, 217 ff.

Vogel, Oscar: Freibeweis in der Kinderzuteilung, in: Riemer/Walder/Weimar (Hg.), Festschrift für Cyril Hegnauer zum 65. Geburtstag, Bern 1986, 609 ff. (zit.: Vogel, Freibeweis)

Vogel, Oscar: Grundriss des Zivilprozessrechts, 5. A., Bern 1997

Walder-Richli, Hans Ulrich: Zivilprozessrecht, 4. A., Zürich 1996

Zünd, Christian: Kommentar zum Gesetz über das Sozialversicherungsgericht des Kantons Zürich vom 7. März 1993, Zürich 1999

Materialien

Änderungen des Schweizerischen Zivilgesetzbuches vom 26. Juni 1998 (Personenstand, Eheschliessung, Scheidung, Kindesrecht, Verwandtenunterstützungspflicht, Heimstätten, Vormundschaft, Ehevermittlung)

Gesetzestext: BBl 1998 3491 ff. deutsch
BBl 1998 3077 ff. französisch
BBl 1998 2759 ff. italienisch

Botschaft des Bundesrates vom 15. November 1995 (BBl 1996 I 1 ff.)

Amtliches Bulletin der Bundesversammlung

- NR: Amtl. Bull. NR   1997, 2651 ff. (2654), 2660 ff. (2661), 2722 ff.
  1998, 1191 f., 1317
- SR: Amtl. Bull. SR   1996, 741 ff. (742), 766 f.
  1998, 327 f., 710 f.

I. Teil
Prozessuale Neuerungen

§ 1 Ausgangslage

Das bisherige Scheidungsrecht enthielt nur drei prozessuale Bestimmungen, nämlich Art. 144 ZGB betreffend den Klägergerichtsstand, Art. 145 ZGB betreffend vorsorgliche Massnahmen und Art. 158 ZGB betreffend Grundsätze des Scheidungsverfahrens. Das neue Scheidungsrecht enthält im vierten Teil des vierten Abschnittes in den Art. 135–149 ZGB nicht weniger als 15 Bestimmungen über das Scheidungsverfahren. Prozessuale Vorschriften finden sich aber nicht nur im erwähnten Abschnitt, sondern verstreut über das ganze materielle Scheidungsrecht. Das gilt namentlich für das Verfahren der Scheidung auf gemeinsames Begehren[1], ebenso für den Wechsel zur Klage[2].

Im Bereich des Zivilprozessrechtes ist es angesichts Art. 64 Abs. 3 BV (bzw. neu Art. 122 Abs. 2 BV) Aufgabe des Bundes dafür zu sorgen, dass das materielle Bundesrecht nicht wegen Vorschriften des kantonalen Prozessrechts wirkungslos bleibt oder nicht durchgesetzt werden kann[3]. Diese verfassungsmässige Ausgangslage hat der Bundesgesetzgeber ziemlich strapaziert und mehr als notwendig ins kantonale Prozessrecht hineinlegiferiert. Es ist denn auch bezeichnend, dass sich an der massgeblichen Stelle der Botschaft (S. 133 f.) keinerlei Hinweis auf die erwähnte Verfassungsbestimmung findet[4].

Dazu kommt ein Zweites: Wenn der Bundesgesetzgeber punktuell ins kantonale Zivilprozessrecht hineinlegiferiert, so sind dies selten qualitative Höhenflüge. Ein Beispiel bildet etwa der Art. 343 OR, dessen Anwendung auch nach zehn Jahren den kantonalen Gerichten viel Ungemach und unnötigen Aufwand samt Kosten bringt. Ähnliches ist auch für das neue Scheidungsverfahren zu prognostizieren. Dieses hält insbesondere die prozessualen Vorschriften für gemeinsame Scheidungsbegehren und die eigentliche Scheidungsklage nicht strikte auseinander. Das wäre aber nötig gewesen, handelt es sich doch beim ersteren um ein reines Gesuchsverfahren, während das letztere ein eigentliches Prozessverfahren bildet. Auch ist oft nicht klar, ob und allenfalls inwieweit neben dem bundesrechtlichen Scheidungsverfahrensrecht kantonales Prozessrecht zulässig ist. Zumindest für die Gerichtsorganisation dürfte letzteres zu bejahen sein.

---

[1] Vgl. Art. 111 und Art. 112 Abs. 2 ZGB.
[2] Art. 113 ZGB.
[3] Vogel, 2. Kap. N 19 ff.
[4] Die ständerätliche Kommission war sich allerdings des Problems sehr wohl bewusst. Vgl. AmtlBull SR 1996, 742.

I. Teil: Prozessuale Neuerungen

Das neue Scheidungsverfahren ist zwar teilweise recht sozial, aber trotzdem weder gerichts- noch kundenfreundlich. Bezeichnenderweise gehörte denn auch kein eigentlicher Prozessrechtler der vorberatenden eidgenössischen Expertenkommission an. Wie schon heute festzustellen ist, macht das neue Recht den Kantonen in prozessualer Hinsicht etwelche Mühe.

§ 2 Zuständigkeit

1. Örtliche Zuständigkeit

a)   Alternativer Gerichtsstand

Art. 135 Abs. 1 ZGB bestimmt neu, dass für die Scheidung das Gericht am Wohnsitz eines Ehegatten zuständig ist. Damit entfällt die bisherige ausschliessliche Zuständigkeit am Wohnsitz des klagenden Ehegatten. Das Gesetz sagt nicht, ob diese örtliche Zuständigkeit nur für die eigentliche Scheidungsklage gemäss Art. 114 ff. ZGB oder auch für die Scheidung auf gemeinsames Begehren gemäss Art. 111 ff. ZGB gilt. Auch Art. 16 Abs. 1 lit. b E GestG sagt hierüber nichts. Aufgrund der Botschaft (S. 134) dürfte diese Frage zu bejahen sein. Der neue alternative Gerichtsstand ist nicht unbedenklich; er öffnet dem forum running Tür und Tor. Dies ist v.a. angesichts der unterschiedlichen kantonalen Regelungen über die Rechtshängigkeit bzw. die Klageanhebung der Fall. Der Gesetzgeber hat dieses Problem kaum genügend bedacht[5].

b)   Weitere Anwendungsbereiche des alternativen Gerichtsstandes

Der alternative Wohnsitzgerichtsstand von Art. 135 Abs. 1 ZGB kommt gemäss dem Verweis in Art. 114 Abs. 2 ZGB auch für Trennungsklagen und gemeinsame Trennungsbegehren in Frage. Aufgrund des Gesetzeswortlautes von Art. 135 Abs. 1 ZGB ist er sodann bei Abänderungsklagen (Art. 129, 134 ZGB) massgeblich. Art. 16 Abs. 1 lit. d E GestG erwähnt zudem in diesem Zusammenhang auch noch die Klage auf Ergänzung eines Scheidungs- oder Trennungsurteils. Ein Unterhaltsverpflichteter kann somit neu auch beim Gericht am Wohnsitz des Unterhaltsberechtigten ins Recht gefasst werden. Von Abänderungsklagen können wie bis anhin der nacheheliche Unterhalt (Art. 129 ZGB) und die Kinderbelange (Art. 133 ZGB) betroffen sein. Analoges gilt für die Klagen auf Anweisung des Schuldners des Unterhaltsverpflichteten und auf Sicherstellung für künftige Unterhaltsbeiträge (Art. 132 Abs. 2 ZGB).

Eine Sonderbestimmung für Abänderungsklagen findet sich in Art. 135 Abs. 2 ZGB bei der Neufestsetzung von Unterhaltsbeiträgen für das mündige Kind. Sinngemäss verweist Art. 135 Abs. 2 ZGB auf Art. 279 Abs. 2

---

[5]   Vgl. dazu auch Botschaft, 134 f. – Nach Hausheer, ZBJV 135 (1999) 32, gilt der Wahlgerichtstand auch für die Anweisung an die Schuldner oder auf Sicherstellung der Unterhaltsbeiträge.

ZGB. Es besteht für die örtliche Zuständigkeit ein Wahlgerichtsstand am Wohnsitz des Klägers oder des Beklagten. Dabei ist zu bedenken, dass auch Kinder an deren selbständigen Wohnsitz als Kläger auftreten können[6].

2. Sachliche Zuständigkeit

a) Allgemeines

Der Wortlaut des neuen Scheidungsrechts, ebenfalls ein Mangel, unterscheidet nirgends zwischen örtlicher und sachlicher Zuständigkeit. Art. 135 ZGB über die Zuständigkeit für Scheidungs- und Abänderungsklagen usw. bestimmt nur die örtliche Zuständigkeit. Die Regelung der sachlichen Zuständigkeit wird dem kantonalen Recht überlassen. Das Bundesrecht bestimmt allerdings, dass wie bis anhin das Scheidungsgericht auch zuständig ist, die nötigen Kindesschutzmassnahmen zu treffen; die entsprechenden Art. 307 ff., 315a Abs. 1 ZGB sind sachliche Zuständigkeitsvorschriften.

b) Sachliche Zuständigkeit bei Abänderungsklagen

Bestimmungen über die sachliche Zuständigkeit enthält das neue Scheidungsrecht mit Bezug auf Abänderungsklagen im Bereich der Kinderbelange. Diese Bestimmungen finden sich fälschlicherweise nicht im Abschnitt über das Scheidungsverfahren im Zusammenhang mit der örtlichen Zuständigkeit, sondern in Art. 134 ZGB bei der Veränderung der persönlichen Verhältnisse. Die Botschaft (S. 131) geht davon aus, dass der bisherige gerichtliche Abänderungsprozess schwerfällig, aufwendig und oft auch psychisch belastend erscheint. Sie tendiert deshalb auf eine Verlagerung der Zuständigkeit weg vom Gericht.

Das neue Recht sieht allerdings in Art. 134 Abs. 3 und 4 ZGB vor, dass grundsätzlich für die Abänderung von Scheidungsurteilen in Kinderbelangen nach wie vor ein Gericht zuständig ist. Es ist das für die Abänderung eines Scheidungsurteils üblicherweise zuständige Gericht. In einigen Ausnahmefällen wird für die Abänderung neu die Vormundschaftsbehörde als zuständig erklärt:

    a) Elterliche Sorge bei Einigkeit der Eltern;
    b) Elterliche Sorge bei Tod eines Elternteils;
    c) Aufhebung der bisherigen gemeinsamen elterlichen Sorge und Zuteilung an einen Elternteil sowie Neueinräumung der gemeinsamen elterlichen Sorge;

---

[6] Näheres Hegnauer, N 75 ff. zu Art. 279/280 ZGB.

d) Unterhaltsbeiträge bei Einigkeit der Eltern;
e) Persönlicher Verkehr (Besuchsrecht) auch in streitigen Fällen, wenn nur dieser Punkt neu zu regeln ist.

Diese Regelung ist nicht unbedenklich, vor allem nicht aus der Sicht von Art. 6 Ziff. 1 EMRK. Es handelt sich um Anwendungsfälle dieser Bestimmung. Deshalb genügt eine abschliessende Zuständigkeit der Vormundschaftsbehörde bzw. deren Aufsichtsbehörden nicht. Vielmehr muss gegen die Entscheide der Vormundschaftsbehörde von den Kantonen ein Rechtsmittel vorgesehen werden, das eine Überprüfung durch eine gerichtliche Instanz mit voller tatsächlicher und rechtlicher Kognition erlaubt[7]. Gerade in Fällen umstrittenen persönlichen Verkehrs dürfte sich die Absicht des Gesetzgebers als Bumerang erweisen. Anstatt ein erstinstanzliches Gericht hat zuerst die Vormundschaftsbehörde, sodann die vormundschaftliche Aufsichtsbehörde (Art. 420 Abs. 2 ZGB) und dann ein unabhängiges Gericht zu entscheiden. Es fragt sich in der Terminologie der Botschaft, ob dies wirklich weniger aufwendig und weniger psychisch belastend ist. Dies ist auch dann der Fall, wenn in den Fällen lit. a–e während der erstinstanzlichen Rechtsmittelfrist Uneinigkeit entsteht.

Die Abänderung der Kindesschutzmassnahmen bzw. die Abgrenzung der diesbezüglichen örtlichen und sachlichen Zuständigkeit ist im neuen Art. 315b ZGB geregelt. Schon vor dem Scheidungsprozess bestehende Kindesschutzmassnahmen können vom Scheidungsgericht selbst den neuen Verhältnissen angepasst werden (Art. 315a Abs. 2 ZGB).

Im übrigen gilt der Grundsatz der Kompetenzattraktion zugunsten des Abänderungsgerichtes, soweit es ohnehin mit einem streitigen, die Kinder betreffenden Verfahren befasst ist (Art. 134 Abs. 4 ZGB).

---

[7] BGE 118 Ia 473 ff., 482.

§ 3 Rechtshängigkeit

1. Allgemeines

Im Scheidungsrecht kommt der Rechtshängigkeit eine weit über deren allgemeine hinausgehende spezifische Bedeutung zu. Mit Eintritt der Rechtshängigkeit kann jeder Ehegatte für die Verfahrensdauer den gemeinsamen Haushalt aufheben (Art. 137 Abs. 1 ZGB). Gleichzeitig geht die sachliche Zuständigkeit vom Eheschutz- auf das Scheidungsgericht über (Botschaft S. 135). Die Rechtshängigkeit ist auch für den Zeitpunkt der Auflösung des Güterstandes (nicht für die Vermögenswerte) massgeblich (Art. 204 Abs. 2 ZGB).

2. Gemeinsames Scheidungsbegehren

Das gemeinsame Scheidungsbegehren wird gemäss Art. 136 Abs. 1 ZGB direkt beim Gericht rechtshängig gemacht. Damit entfallen die unterschiedlichen kantonalen Rechtshängigkeitsregelungen. Ein Sühneverfahren ist nicht nötig. Es stellt sich die Frage, was unter dem Begriff «gemeinsames Scheidungsbegehren» i.S.v. Art. 136 Abs. 1 ZGB verstanden wird. Darunter fallen nach dem strengen Gesetzeswortlaut beide Spielarten des gemeinsamen Scheidungsbegehrens, nämlich dasjenige bei umfassender Einigung gemäss Art. 111 ZGB (gemeinsamer Scheidungsantrag, vollständige Vereinbarung über die Scheidungsfolgen, gemeinsame Kinderanträge) und dasjenige bei Teileinigung gemäss Art. 112 ZGB. Ob letzteres – unter dem Gesichtspunkt der Prozessökonomie – sinnvoll ist, erscheint als fraglich. Es muss nämlich anstelle eines Friedensrichters das erste Mal das Gericht bzw. dessen Referent versuchen, eine umfassendere oder vollumfängliche Vereinbarung zu erzielen. Art. 136 Abs. 1 ZGB sollte so ausgelegt werden, dass diese Bestimmung nur für den Fall einer umfassenden Einigung gilt. Die Kantone hätten alsdann die Möglichkeit, bei einer nur teilweisen Einigung im Sinne von Art. 112 ZGB für die strittig gebliebenen Fragen nach wie vor ein Sühneverfahren vorzuschreiben. Denn die rechtssoziologischen Erfahrungen zeigen, dass gerade in diesen Belangen die Erfolgsquote der Friedensrichter sehr gross ist.

Das Bundesrecht sagt nicht, in welcher Form das gemeinsame Scheidungsbegehren eingereicht werden muss, damit die Rechtshängigkeit eintritt. Das kantonale Prozessrecht sollte diese Frage regeln.

Ist ein gemeinsames Scheidungsbegehren hängig, sind aber die Voraussetzung hierfür nicht gegeben, so hat das Gericht das gemeinsame Scheidungsbegehren abzuweisen und den Parteien gemäss Art. 113 ZGB eine Frist zur Klageeinreichung anzusetzen. Während dieser Frist bleibt die Rechtshängigkeit bestehen.

3. Scheidungsklage

Bisher war die Frage der Rechtshängigkeit der Scheidungs- und auch der Abänderungsklage den Kantonen überlassen. Der Zeitpunkt des Eintritts der Rechtshängigkeit war nach den kantonalen Prozessgesetzen sehr vielfältig[8]. Neu tritt die Rechtshängigkeit der Klage eines Ehegatten auf Scheidung oder Abänderung mit der Klageanhebung ein (Art. 136 Abs. 2 ZGB). Klageanhebung ist nicht zwingend mit der Einreichung der Weisung identisch. Klageanhebung ist ein bundesrechtlicher Begriff, der im wesentlichen bestimmt, ob bundesrechtliche Verwirkungsfristen gewahrt sind[9]. Der Begriff ist von der Rechtshängigkeit zu unterscheiden. Die Klageanhebung ist diejenige prozesseinleitende oder vorbereitende Handlung des Klägers, mit der er zum ersten Mal in bestimmter Form für den von ihm erhobenen Anspruch den Schutz des Richters anruft[10]. Verlangt das kantonale Recht, wie zum Beispiel in Zürich, für Scheidungsklagen (nicht aber für Änderungs- und Ergänzungsklagen; § 196 Ziff. 4 ZPO/ZH) obligatorisch ein Sühneverfahren, so erhebt sich die Frage, ob die Scheidungsklage schon mit der Einleitung des Sühneverfahrens oder erst mit der Einreichung von Weisung und Klagebegehren beim Gericht rechtshängig wird, d.h. bei der neuen Scheidungsklage mit andern Worten, wann die Klageanhebung erfolgt. Die Anrufung des Sühnebeamten reicht nach der Botschaft (S. 136) für die Begründung der Rechtshängigkeit aus, sofern

    a) die betreffende Stelle nach kantonalem Recht von Amtes wegen die Streitsache an das Gericht weiter zu leiten hat; oder

    b) die klagende Partei innert einer bestimmten gesetzlichen Frist beim ordentlichen Gericht klagen muss, um prozessuale Nachteile zu vermeiden.

Die vorstehende lit. b ist in der bundesrätlichen Botschaft prozessual unsauber abgefasst. Besser führt Vogel[11] aus, die Einleitung des Sühneverfahrens genüge, wenn der Kläger den Streit innert bestimmter Frist nach Ab-

---

[8] Vogel, 8. Kap. N 34 ff.
[9] Vogel, 8. Kap. N 30.
[10] Vogel, 12. Kap. N 24.
[11] Vogel, 12. Kap. N 27.

schluss des Sühnverfahrens vor den Richter bringen muss und diese Frist eingehalten wird.

Im Kanton Zürich ist vorgesehen, dass der Friedensrichter die Weisung künftig direkt ans Gericht weiterleitet[12, 13]. Damit erfolgt die Klageanhebung beim Friedensrichter, womit die Rechtshängigkeit der Scheidungs- und Trennungsklage gemäss Art. 136 Abs. 2 ZGB schon mit der Einleitung des Sühneverfahrens eintritt. Die Abänderungsklage wird im Kanton Zürich hingegen wie bis anhin erst mit der Klageeinleitung beim Gericht rechtshängig, da es hier keines Sühneverfahrens bedarf.

---

[12] Es handelt sich erst um den Vorschlag einer von der Justizdirektion eingesetzten Expertengruppe.
[13] Vgl. bisher Frank/Sträuli/Messmer, N 2 zu § 101 ZPO/ZH.

§ 4 Vorsorgliche Massnahmen

1. Aufhebung des gemeinsamen Haushaltes

Art. 137 Abs. 1 ZGB erlaubt von Gesetzes wegen die Aufhebung des gemeinsamen Haushaltes. Im Gegensatz zu aArt. 145 Abs. 1 ZGB sagt neu Art. 137 Abs. 1 ZGB, dass dieses Recht mit dem Eintritt der Rechtshängigkeit entsteht. Dieser Begriff bestimmt sich für gemeinsame Scheidungsbegehren nach Art. 136 Abs. 1 ZGB und für Scheidungs- und Abänderungsklagen nach Art. 136 Abs. 2 ZGB. Vorsorgliche Massnahmen gibt es somit sowohl bei gemeinsamen Scheidungsbegehren als auch bei Scheidungs- und Abänderungsklagen.

2. Eigentliche vorsorgliche Massnahmen

Wenn gelegentlich behauptet wird, vorsorgliche Massnahmen entfielen im neuen Scheidungsrecht weitgehend, so trifft dies nicht zu. Auch eine Scheidung nach Art. 111 ZGB dauert vier bis sechs Monate und viele Gesuchsteller werden über die Unterhalts- und Kinderbelange für diese Zeit eine gerichtliche Regelung bedürfen. Da bis zum Ablauf der Bedenkzeit jeder Ehegatte die Konvention frei widerrufen kann, können die vorsorglichen Massnahmenbegehren den Ehegatten auch unter dem neuen Recht dazu dienen, die Möglichkeiten abzutasten. Auch bei Unzumutbarkeitsklagen gemäss Art. 115 ZGB werden häufig Massnahmenbegehren erfolgen. Das neue Scheidungsrecht sagt in Art. 137 Abs. 2 ZGB im Gegensatz zu Art. 145 Abs. 2 ZGB nicht mehr, was unter «nötigen vorsorglichen Massnahmen» verstanden wird. Insbesondere ist der Gegenstand der möglichen Massnahmen nicht abschliessend geregelt, sie müssen aber ihre Grundlage im materiellen Bundesrecht haben[14]. Die einzige Schranke bildet die Notwendigkeit. Die Massnahmen können sich vorab auf die Familienwohnung, den Unterhalt der Familie, allenfalls die güterrechtlichen Verhältnisse und die Obhut der Kinder beziehen (Botschaft S. 137). Mit Bezug auf den Inhalt der vorsorglichen Massnahmen verweist der neue Art. 137 Abs. 2 Satz 3 ZGB auf die Bestimmungen über Massnahmen zum Schutze der ehelichen Gemeinschaft (Art. 176 ff. ZGB). Dazu kommen aber auch im Be-

---

[14] BGE 123 III 3 E. 3a.

reich der beruflichen Vorsorge grundsätzlich vorsorgliche Massnahmen in Frage[15].

3. Zuständigkeit

Die örtliche Zuständigkeit für vorsorgliche Massnahmen richtet sich nach Art. 135 Abs. 1 ZGB. Die sachliche Zuständigkeit hierfür bestimmt sich nach kantonalem Recht. Sachlich zuständig braucht heute von Bundesrechts wegen nicht notwendigerweise das Scheidungsgericht zu sein; Art. 34 lit. b E GestG erklärt allerdings für vorsorgliche Massnahmen ab Rechtshängigkeit das Scheidungsgericht als zuständig. Wird eine Scheidungsklage beim Friedensrichter rechtshängig, ist das Scheidungsgericht schon ab jenem Zeitpunkt für die vorsorglichen Massnahmen zuständig.

Das Massnahmengericht bleibt allenfalls über das Urteil im Scheidungspunkt hinaus für vorsorgliche Massnahmen zuständig. Das ist dann der Fall, wenn das Verfahren über Scheidungsfolgen fortdauert (Art. 137 Abs. 2 Satz 2 ZGB) und sich Massnahmen weiterhin als nötig erweisen. Die Möglichkeit vorsorglicher Massnahmen entfällt erst, wenn der ganze Scheidungsprozess rechtskräftig abgeschlossen ist (Botschaft S. 137). Dies ist aber erst nach rechtskräftigem Entscheid des BVG-Gerichtes über die beruflichen Vorsorgeleistungen der Fall.

4. Verfahren

Ob beim Erlass vorsorglicher Massnahmen die Offizial- oder Dispositionsmaxime gilt, wurde bei der Revision bewusst offen gelassen und grundsätzlich der kantonalen Prozessrechtsgesetzgebung überlassen[16]. Es gilt aber der Grundsatz der freien richterlichen Beweiswürdigung gemäss Art. 139 Abs. 1 ZGB nicht nur für den Hauptprozess, sondern auch für das vorsorgliche Massnahmenverfahren. Sodann sollte die in Art. 145 Abs. 1 ZGB verankerte Untersuchungsmaxime in Kinderbelangen auch bei vorsorglichen Massnahmen analog gelten. Dasselbe ist auch für die Anhörungsbestimmungen von Art. 144 Abs. 1 ZGB (Eltern) und Art. 144 Abs. 2 ZGB (Kinder) in Betracht zu ziehen. Dies nicht zuletzt deshalb, weil die vorsorglichen Massnahmen über die Kinderobhut regelmässig präjudizielle Bedeutung für die Regelung des Sorgerechts haben.

---

[15] Riemer, 431.
[16] Vgl. Votum Bundesrat Koller, AmtlBull NR 1997, 2725; Votum Christiane Brunner, AmtlBull NR 1998, 710. Damit ist der kantonale Gesetzgeber frei.

§ 4 Vorsorgliche Massnahmen

Im Kanton Zürich ergehen die vorsorglichen Massnahmen weiterhin im summarischen Verfahren[17]. Aus § 205 ZPO/ZH, wo die grundsätzliche kurze Begründungspflicht des Massnahmenbegehrens stipuliert wird, ergibt sich, dass die Dispositions- und die Verhandlungsmaxime gelten. Vorbehalten bleiben selbstverständlich die vorstehend dargelegten Grundsätze bundesrechtlicher Natur.

Das Verfahren auf Erlass vorsorglicher Massnahmen muss rasch und zügig durchgeführt werden. Dies gehört zur Rechtsnatur vorsorglicher Massnahmen. Dies muss auch für Kinderbelange Geltung haben[18].

---

[17] Frank/Sträuli/Messmer, N 66 zu § 110 ZPO/ZH.
[18] Unrichtig Guglielmoni/Mauri/Trezzini, 51. Diese fordern, die Instruktion vorsorglicher Massnahmen müsse ausgeweitet und durch Therapien, Mediationen, Gutachten usw. unterbrochen werden.

§ 5 Verfahrensgrundsätze

1. Untersuchungsmaxime

a) Allgemeines

Art. 139 Abs. 1 ZGB bestimmt in weitgehender Übereinstimmung mit aArt. 158 Ziff. 1 ZGB, dass das Gericht Tatsachen, welche zur Begründung einer Klage auf Scheidung dienen, nur dann als erwiesen annehmen darf, wenn es sich von deren Vorhandensein überzeugt hat. Obschon Art. 139 Abs. 2 ZGB die Trennungsklage im Gegensatz zu aArt. 158 Ziff. 1 ZGB nicht mehr ausdrücklich erwähnt, gilt die Bestimmung gestützt auf Art. 117 Abs. 2 ZGB auch für diese. Die Bestimmung hatte im alten Scheidungsrecht die Bedeutung, dass die Scheidung nur ausgesprochen werden darf, wenn sich der Richter die Überzeugung vom Vorliegen eines einen gesetzlichen Scheidungsgrund erfüllenden Sachverhaltes verschafft hat[19]. Die Bedeutung von Art. 139 Abs. 2 ZGB ist zwar im Kern dieselbe geblieben, der Anwendungsbereich der Bestimmung hat sich aber verändert. Dies allein schon deshalb, weil die Zahl der Scheidungsgründe sich im wesentlichen auf zwei reduziert hat, nämlich auf den Scheidungsgrund der mindestens vierjährigen Trennung gemäss Art. 114 ZGB und auf denjenigen der Unzumutbarkeit der Fortsetzung der Ehe gemäss Art. 115 ZGB. Für die Prüfung der Voraussetzungen dieser beiden Bestimmungen gilt die bisherige Lehre und Praxis uneingeschränkt weiter.

b) Bei Art. 114 und 115 ZGB

Bei der Klage auf Scheidung gemäss Art. 114 ZGB (nach mindestens vierjährigem Getrenntleben im Zeitpunkt der Rechtshängigkeit der Klage) hat sich der Richter auch bei fehlendem Widerstand der beklagten Partei von Amtes wegen davon zu überzeugen, dass die Parteien tatsächlich mindestens vier Jahre getrennt gelebt haben. Dasselbe gilt, wenn ursprünglich ein gemeinsames Scheidungsbegehren vorgelegen hat, eine oder beide Parteien dann aber i.S.v. Art. 113 ZGB zur Scheidung auf Klage wechselten.

Eine analoge Überzeugung hat sich der Richter bei einer Scheidungsklage gestützt auf Art. 115 ZGB (Unzumutbarkeit) zu bilden, um diese gutheissen zu können. Diese richterliche Überzeugung hat sich auf zwei Punkte zu beziehen:

---

[19] Bühler/Spühler, N 73 zu Art. 158 ZGB.

- Vorliegen schwerwiegender Gründe;
- Nichtzurechenbarkeit dieser Gründe.

c) **Bei Art. 116 ZGB**

Es fragt sich, ob die Untersuchungsmaxime gemäss Art. 139 Abs. 2 ZGB auch für die Fälle von Art. 116 ZGB gilt. Es handelt sich um ursprüngliche Klagen aus Art. 114 ZGB (Getrenntleben) und Art. 115 ZGB (Unzumutbarkeit). Stimmt der Beklagte der Scheidungsklage (oder der Trennungsklage; vgl. Art. 117 Abs. 2 ZGB) ausdrücklich zu oder erhebt er Widerklage, so geht das Verfahren nach den Bestimmungen über die Scheidung auf gemeinsames Begehren sinngemäss weiter. Das nachfolgende Verfahren richtet sich somit nach Art. 111 ZGB. Im Fall der Zustimmung hat m.E. von der Grundidee des neuen Scheidungsrechtes her der Untersuchungsgrundsatz mit Bezug auf die Scheidungsgründe nach den Art. 114 und 115 ZGB nichts mehr zu suchen.

Anders dürfte die Situation im Fall der Widerklage liegen. Da hier der klägerische Scheidungsanspruch gerade bestritten ist, erscheint es logischerweise zwingend nötig, dass sich das Gericht vom Vorliegen der Scheidungsvoraussetzungen von Art. 114 und 115 ZGB überzeugt. Art. 139 Abs. 2 ZGB ist deshalb im Fall einer Widerklage anwendbar.

d) **Bei Art. 111 ZGB**

Die Botschaft (S. 139) führt kurz und apodiktisch aus, auf die Scheidung auf gemeinsames Begehren finde Art. 139 ZGB, mithin u.a. der Untersuchungsgrundsatz, keine Anwendung. Vor allem der blosse Wortlaut von Art. 139 Abs. 2 ZGB spreche hierfür, sei doch dort ausdrücklich nur von «Klage auf Scheidung» die Rede.

Eine genaue Analysierung der Rechtslage ergibt jedoch, dass die entsprechende Feststellung in der Botschaft unrichtig ist. In Art. 111 Abs. 1 Halbsatz 2 ZGB wird nämlich ausdrücklich festgehalten, das Gericht überzeuge sich davon, dass das Scheidungsbegehren und die Vereinbarung auf freiem Willen und reiflicher Überlegung beruhten und die Vereinbarung wahrscheinlich genehmigt werden könne. Das Gericht muss sich somit von diesen Elementen einzeln überzeugen, damit es die Scheidung gemäss Art. 111 ZGB aussprechen darf. Mit anderen Worten gilt der Untersuchungsgrundsatz von Art. 139 Abs. 2 ZGB auch bei der Scheidung auf gemeinsames Begehren.

2. Freie Beweiswürdigung

Der Grundsatz der freien richterlichen Beweiswürdigung fand sich schon im bisherigen Recht in aArt. 158 Ziff. 5 ZGB. Er ist neu an sich unnötigerweise an zwei Stellen des Scheidungsrechtes verankert worden, nämlich allgemein in Art. 139 Abs. 1 ZGB und speziell für Kinderbelange in Art. 145 Abs. 1 ZGB. Der Grundsatz bedeutet, dass das Gericht nach seiner freigebildeten Überzeugung zu entscheiden hat, ob ein Beweis geleistet oder gescheitert ist; es ist dabei an keinerlei Beweisregeln gebunden. Das Willkürverbot bildet eine unabdingbare Schranke der freien Beweiswürdigung[20]. Der freien richterlichen Beweiswürdigung unterliegen im Scheidungsprozess, vor allem in Kinderbelangen, auch die nicht im Beweismittelsystem der kantonalen Verfahrensordnung enthaltenen Erkenntnisquellen, die im Rahmen des Freibeweises erhoben worden sind[21]. Deshalb unterliegen auch die Kindesanhörungen gemäss Art. 144 ZGB der freien richterlichen Beweiswürdigung. Dies gilt nicht nur dann, wenn das Gericht die Anhörung selbst vorgenommen hat, sondern wenn diese durch eine Drittperson im Auftrag des Gerichtes erfolgte. Auch der im kantonalen Verfahrensrecht nicht vorgesehene Berichtsbeizug unterliegt denselben Regeln.

Der Grundsatz der freien richterlichen Beweiswürdigung gilt nicht nur bei der eigentlichen Scheidungsklage (Art. 114 ff. ZGB), sondern auch für die Trennungsklagen (Verweis in Art. 117 Abs. 2 ZGB) und die Abänderungsklagen. Er muss aufgrund seiner systematischen Stellung auch für das Verfahren der Scheidung auf gemeinsames Begehren Anwendung finden. Dies gilt vor allem für die Würdigung der getrennten und gemeinsamen Anhörung der Eltern gemäss Art. 111 Abs. 1 ZGB sowie für eine allfällige zweite Anhörung gemäss Art. 111 Abs. 3 ZGB.

3. Ausschluss von Beweismitteln

Der Grundsatz der freien richterlichen Beweiswürdigung wird in Art. 139 Abs. 3 ZGB eingeschränkt. Diese Bestimmung statuiert von Bundesrechts wegen ein Beweiserhebungsverbot und nicht etwa nur ein Beweisverwertungsverbot. Dieses ist auch für den kantonalen Prozessrechtsgesetzgeber zwingend. Danach ist zeugnisunfähig, wer bei einer Ehe- oder Familienberatung oder bei einer Stelle für Familienmediation für die Ehegatten tätig gewesen ist. Das Beweiserhebungsverbot erstreckt sich in Kantonen, deren

---

[20] Vgl. Bühler/Spühler, N 96 f. zu Art. 158 ZGB.
[21] Vgl. Vogel, Freibeweis, 609, insbesondere 612.

Prozessgesetze als Beweismittel die Auskunftsperson kennen, auch auf diese. Die Bestimmung ist von ihrem Zweck her streng auszulegen. Sie muss deshalb auch auf Hilfspersonen der Beratungs- und Mediationsstellen Anwendung finden[22]. Die Zeugnis- und Auskunftspersonunfähigkeit gilt auch, wenn nur einer der Ehegatten beraten worden ist. Die Ehegatten sollen sich vertrauensvoll an die betreffenden Berater und Mediatoren wenden und dort alle Probleme darlegen können, ohne dass Gefahr besteht, dass ihre Äusserungen nachher im Prozess Verwendung finden können. Die Vorschrift bildet aber auch Schutz für die vor- bzw. ausserprozessual vermittelnden Personen[23].

4. Persönliche Anhörung der Parteien

a)   Anhörung im Allgemeinen

Im alten Scheidungsrecht sprach man vom Obligatorium der Parteibefragung. Dieser Grundsatz wurde aus aArt. 158 Ziff. 1 ZGB abgeleitet[24]. Teilweise wurde der Grundsatz auch als ungeschriebener Bundesrechtssatz betrachtet[25]. Er wurde überdies für das Verfahren der vorsorglichen Massnahmen als massgeblich erachtet[26]. Zu beachten ist, dass bei der Parteibefragung oft nicht die Worte entscheidend sind; zuverlässiger als diese sind regelmässig die die Parteiaussagen begleitenden nicht verbalen Signale (Mimik, Gestik, Lautstärke usw.). Das Obligatorium der Parteibefragung wurde auch im Berufungsverfahren vor der oberen kantonalen Instanz bejaht[27]. Der Grundsatz der obligatorischen Parteibefragung muss auch im neuen Scheidungsrecht umfassende Bedeutung haben. An der gesetzgeberischen Sorgfalt, die einem derart zentralen Grundsatz zukommen sollte, fehlt es aber auch hier. Der Grundsatz wird eigenartigerweise nur bei der Scheidung auf gemeinsames Begehren ausdrücklich genannt. Er findet sich sowohl bei der umfassenden Einigung (Art. 111 Abs. 1 und 3 ZGB) als auch bei der Teileinigung (Art. 112 Abs. 2 ZGB). Er muss aber auch bei Scheidungsklagen gelten.

---

[22]   So auch Botschaft, 140.
[23]   Botschaft, 140.
[24]   A.M. Hinderling/Steck, 511.
[25]   Bühler/Spühler, N 121 zu Art. 158 ZGB; Spühler/Frei-Maurer, N 121 zu Art. 158 ZGB.
[26]   Spühler/Frei-Maurer, N 121 zu Art. 158 ZGB.
[27]   Spühler/Frei-Maurer, N 121 zu Art. 158 ZGB.

b) Anhörung bei Scheidungsklagen

Bei Scheidungsklagen (Art. 114, 115 ZGB) liegt die Grundlage für die persönliche Anhörung in Art. 139 Abs. 2 ZGB. Sie ist Ausfluss der umfassenden Untersuchungsmaxime. Die persönliche Anhörung hat im bisher von Lehre und Praxis entwickelten Rahmen zu erfolgen, wie er vorstehend in Ziff. 4a zusammengefasst ist. Die persönliche Befragung der Ehegatten hat hier nicht getrennt, sondern gemeinsam zu erfolgen. Beim Klageverfahren ist eben im Gegensatz zum gemeinsamen Scheidungsbegehren nicht zu prüfen, ob eine Partei die andere im Hinblick auf ein gemeinsames Scheidungsbegehren unter Druck gesetzt hat.

Die persönliche Anhörung der Parteien bei Scheidungsklagen ist im neuen Scheidungsrecht bezogen auf die einzelnen Scheidungsgründe zu handhaben. Bei der Scheidungsklage nach Getrenntleben gemäss Art. 114 ZGB wird sich künftig die persönliche Befragung darauf zu konzentrieren haben, ob die Ehegatten wirklich volle vier Jahre getrennt gelebt haben. Die Frist beginnt ab Rechtshängigkeit oder vom Wechsel zur Scheidung auf Klage an. Schon rein dem Inhalt nach ausgedehnter wird die persönliche Befragung beim Scheidungsgrund der Unzumutbarkeit gemäss Art. 115 ZGB sein. Sie wird sich vorab auf drei Themen bzw. deren Elemente zu beziehen haben: Vorliegen schwerwiegender Gründe (insbesondere Zerrüttungsgründe), Nichtzurechenbarkeit dieser Gründe, Nichtzumutung der Ehefortsetzung für eine vierjährige Trennungszeit.

c) Anhörung bei Scheidung auf gemeinsames Begehren

Die persönliche Anhörung der Ehegatten bei Scheidung auf gemeinsames Begehren gemäss Art. 111 ZGB ist von zentraler Bedeutung für diese neue Scheidungsart. Das Gericht muss mindestens eine Anhörung durchführen. Es kann gestützt auf Art. 111 Abs. 3 ZGB eine zweite Anhörung anordnen. Notfalls sind auch weitere Anhörungen denkbar. Es ist auch zulässig, die sogenannte erste und allenfalls auch die zweite Anhörung an mehreren Sitzungen des Gerichtes durchzuführen[28]. Unrichtig ist die Ansicht in der Botschaft[29], in allen Fällen sei für die zweite Anhörung erst vorzuladen, wenn die Scheidungsvereinbarung den Voraussetzungen von Art. 111 Abs. 1 ZGB entspreche. Die zweite Anhörung muss nämlich unter Umständen gerade der Abklärung dieses Punktes dienen. Es ist sodann möglich, dass eine endgültige Vereinbarung erst zwischen der ersten und der zweiten Anhörung zustande kommt. Das Gericht darf jedenfalls infolge des Beschleuni-

---

[28] Botschaft, 86.
[29] Botschaft, 87.

gungsgebotes gemäss Art. 6 Ziff. 1 EMRK die Angelegenheit nicht über viele Monate oder noch länger hinausziehen. Es hat den Ehegatten bei Verneinung der Voraussetzungen von Art. 111 ZGB innert weniger Wochen Frist anzusetzen, um eine eigentliche Scheidungsklage einzureichen.

Die persönliche Befragung bei Scheidungen gemäss Art. 111 ZGB hat sich in erster Linie auf das gemeinsame Scheidungsbegehren zu beziehen. Das Gericht hat abzuklären, ob das Scheidungsbegehren wirklich auf freiem Willen jeder der beiden Parteien beruht. Damit im Zusammenhang steht die Abklärung, ob der übereinstimmende Willensentschluss der Parteien wirklich auf reiflicher Überlegung basiert oder nur ein Spontanentschluss bildet, z.B. aus einer Laune heraus erfolgte oder Folge eines Streites ist. Das Gericht hat die Parteien vorerst getrennt und erst dann zusammen anzuhören. Damit kann es feststellen, ob ein Ehegatte auf den anderen Druck ausgeübt oder sonst in unzulässiger Weise seinen Willen auf Scheidung und Nebenfolgenregelung beeinflusst hat (Botschaft S. 86). Die persönliche Befragung hat sich besonders eingehend mit der Vereinbarung über die Scheidungsfolgen zu befassen. Mit Bezug auf diese Vereinbarung hat das Gericht in erster Linie das Fehlen von Willensmängeln zu prüfen. Die persönliche Befragung dient ferner dazu, sich davon zu überzeugen, dass es sich bei der Vereinbarung nicht um einen «Schnellschuss» handelt, sondern dass sie aufgrund reiflicher Überlegung zustande gekommen ist. Schliesslich dient die Anhörung im Zusammenhang mit der Vereinbarung über die Nebenfolgen noch einem dritten Punkt: Die persönliche Parteibefragung hat zu ergründen, ob die Vereinbarung grundsätzlich klar, vollständig und nicht offensichtlich unangemessen ist, d.h. ob sie voraussichtlich genehmigt werden kann. Hierfür hat das Gericht die Parteien eingehend über die persönlichen und wirtschaftlichen Verhältnisse zu befragen.

Im Gegensatz zum Entwurf des Bundesrates hat die Bestätigung von Scheidungswillen und Scheidungsvereinbarung nicht mehr persönlich in einer Anhörung vor Gericht zu erfolgen. Die Ehegatten haben zwar gemäss Art. 111 Abs. 2 ZGB nach einer Bedenkzeit von zwei Monaten ihren Scheidungswillen und ihre Scheidungsvereinbarung zu bestätigen. Als Form genügt die einfache Schriftlichkeit. Massgeblich sind Art. 12–15 OR. Die zweimonatige Frist läuft von der letzten Anhörung an. Diese schliesst eine allfällige Anhörung der Kinder ein. Die Bestätigung von Scheidungswillen und Scheidungsvereinbarung kann durch gemeinsame Erklärung oder je separat erfolgen.

Zu behandeln bleibt in diesem Zusammenhang noch die Anhörung der Parteien bei Teileinigung i.S.v. Art. 112 ZGB. Die Anhörung erfolgt analog wie bei der umfassenden Einigung gemäss Art. 111 ZGB. Die persönliche Anhörung ist lediglich inhaltlich eingeschränkt, da sie sich nur auf das gemeinsame Scheidungsbegehren und auf die teilweise Vereinbarung bezieht (Art. 112 Abs. 2 ZGB). Für die strittigen Teile findet das klageweise Verfahren statt.

d)   Ausnahmen

Das neue Scheidungsrecht regelt die Ausnahmen von der Pflicht der persönlichen Parteibefragung nicht. Es kann sich in diesem Punkt aber nicht um eine abschliessende, kantonales Prozessrecht ausschliessende Regelung handeln. Es gibt nämlich offensichtlich zwingende Gründe, das Scheidungsverfahren auch ohne persönliche Befragung einer Partei durchzuführen. Dies wird auch von der Lehre und Praxis bejaht[30]. Zu denken ist etwa an unbekannte Abwesenheit, Versagen des Rechtshilfeweges ins fernere Ausland, Geisteskrankheit oder jahrelange Bewusstlosigkeit.

5.   Anhörung in Kinderbelangen

a)   Allgemeines

Die Anhörung in Kinderbelangen ist allgemein in Art. 144 ZGB geregelt. Abs. 1 dieser Bestimmung betrifft die Anhörung der Eltern, Abs. 2 diejenige der Kinder. Die Anhörung der Eltern über ihre gemeinsamen Anträge betreffend die Kinderbelange ist, an sich unnötigerweise, auch bei der Scheidung auf gemeinsames Begehren in Art. 111 Abs. 1 ZGB geordnet. Die Anhörung dient der Sachverhaltsfeststellung, ist aber gleichzeitig ein persönlichkeitsbezogenes Mitwirkungsrecht im Prozess.

Bisher nicht hinreichend geklärt ist, was genau unter «Anordnungen über Kinder» gemäss Art. 144 Abs. 2 ZGB zu verstehen ist. Darunter fallen sicher die elterliche Sorge, der persönliche Verkehr und Kindesschutzmassnahmen. Fraglich ist, ob dazu auch der Kinderunterhalt gehört. Dies dürfte eher zu verneinen sein.

Die Anhörung der Kinder gestützt auf Art. 144 ZGB hat sich strikte auf die Kinderbelange zu beschränken. Unter diesem Titel dürfen die Kinder insbesondere nicht zum Scheidungspunkt befragt werden. Allfällige Depositionen hierzu dürfen im Urteil nicht verwendet werden. Vorbehalten bleiben eigentliche Zeugeneinvernahmen von Scheidungskindern und ihre diesbezüglichen Aussagen. Dabei muss aber von vorne herein klargestellt sein, dass die Kindereinvernahme nicht unter dem Gesichtswinkel von

---

[30] Bühler/Spühler, N 123 zu Art. 158 ZGB; Spühler/Frei-Maurer, N 123 zu Art. 158 ZGB.

Art. 144 Abs. 2 ZGB erfolgt, sondern ausschliesslich zum Scheidungspunkt.

b)   Anhörung der Eltern

Die Anhörung der Eltern entspricht dem bisherigen Recht. Es handelt sich um eine Instruktionsmassnahme, die Ausfluss der Offizial- und der Untersuchungsmaxime bildet (vgl. auch Art. 145 Abs. 1 ZGB). Der Scheidungsrichter soll sich einen unmittelbaren Eindruck von der Persönlichkeit der Beteiligten verschaffen, um die Einigung für die elterliche Sorge und die Ausübung des persönlichen Verkehrs beurteilen zu können. Wie aus Art. 111 Abs. 1 ZGB hervorgeht, ist dies auch beim Vorliegen von gemeinsamen Anträgen über Kinderbelange notwendig. Diese vom Gesetz als obligatorisch vorgeschriebene Anhörung der Eltern darf nur bei Unmöglichkeit unterbleiben, analog den Ausführungen zur Anhörung im Scheidungspunkt und zur Vereinbarung über die Nebenfolgen.

c)   Anhörung der Kinder

Weil für die Kinderbelange der Grundsatz des Freibeweises seit Jahrzehnten gilt[31], wurde die Anhörung von Kindern schon bis anhin vorgenommen, jedoch mit der gebotenen Zurückhaltung. Nun schreibt Art. 144 Abs. 1 ZGB die Anhörung der Kinder obligatorisch vor. Damit wird auch Art. 12 Abs. 2 der UN-Kinderkonvention Rechnung getragen. Das Bundesgericht hat diese als Bestimmung direkt anwendbar erklärt[32]. Die Anhörung des Kindes entspricht im übrigen einem zentralen Grundsatz des Kindesrechts, wonach die Eltern in wichtigen Angelegenheiten soweit tunlich auf die Meinung des Kindes Rücksicht zu nehmen haben. Dieses Gebot muss auch für den Scheidungsrichter gelten. Das ergibt sich für die Zuteilung der elterlichen Sorge und die Regelung des persönlichen Verkehrs auch aus Art. 133 Abs. 2 ZGB. Auch diese Bestimmung setzt voraus, dass das Kind angehört wird (Botschaft S. 143). Art. 144 Abs. 2 ZGB schreibt vor, dass die Anhörung «in geeigneter Weise» zu erfolgen habe. Das heisst mit andern Worten, dass sie in kindergerechter Form zu geschehen hat. Es ist dabei auf das Alter, die psychische und die physische Gesundheit des Kindes, seinen Intelligenzgrad usw. abzustellen. Entsprechend diesen Gesichtspunkten hat auch die Wahl des Einvernahmeortes zu erfolgen. Die Einvernahme hat weder im Gerichtssaal und wenn möglich auch nicht im Gerichtsgebäude stattzufinden, sondern in einer dem Kind vertrauten Umgebung, wie dem Wohnhaus, dem Schulhaus oder auf dem Spiel- und Sport-

---

[31]   Spühler/Frei-Maurer, N 62 zu Art. 156 ZGB.
[32]   BGE 124 III 90.

platz[33]. Die Einvernahme sollte aus Loyalitätskonfliktsgründen nicht in Anwesenheit der Eltern erfolgen[34]. Auch Anwälte sollten von der Kindereinvernahme ausgeschlossen werden[35]. Der Einvernehmende bzw. dessen Sekretär hat kein eigentliches Protokoll zu erstellen, jedoch eine Aktennotiz, damit die Parteien zum protokollarisch festgehaltenen Ergebnis Stellung nehmen können[36]. Die Aktennotiz muss aber mehr als eine nur kurze Zusammenfassung der Einvernahme beinhalten.

Heikel ist die Frage, wer die Einvernahme vornehmen soll. Art. 144 Abs. 2 ZGB bestimmt, die Anhörung solle entweder durch das Gericht oder durch eine Drittperson erfolgen. Die Botschaft (S. 144) stellt diese beiden Möglichkeiten zu Recht nicht gleich. Vom Sinn und Zweck der Anhörung und ihrer möglichst direkten und ungefilterten Verwertung aus hat die Anhörung grundsätzlich durch ein Mitglied des urteilenden Gerichtes zu erfolgen. Nur in Ausnahmefällen (z.B. bei besonderer psychischer Situation des Kindes) ist die Anhörung durch das Gericht an eine Drittperson zu delegieren. Als Drittpersonen können vorab Kinderpsychiater und Kinderpsychologen in Betracht fallen. Die Beauftragung von Sozialarbeitern sollte in diesem Zusammenhang nur mit grösster Zurückhaltung erfolgen, wie jahrzehntelange gerichtliche Erfahrung zeigt[37].

Die nähere prozessrechtliche Form der Anhörung schreibt der Bundesgesetzgeber in Art. 144 ZGB nicht vor. Durch das neue Scheidungsrecht hat das Kind in Kinderbelangen Parteistellung erlangt. Konsequenterweise kann es als Partei einfach, formell persönlich (§ 149 ZPO/ZH) oder selbst in der Form der Beweisaussage (§ 150 ZPO/ZH) befragt werden. Letztere dürfte nur ausnahmsweise in Frage kommen.

Von der Pflicht zur Anhörung sieht Art. 144 Abs. 2 ZGB Ausnahmen vor. Das Alter des Kindes oder andere wichtige Gründe sind Dispensmöglichkeiten. Der Gesetzgeber hat beim Alter bewusst auf die Festlegung einer bestimmten Grenze verzichtet; diese dürfte etwa im Bereich der Einschulung liegen. Was wichtige Gründe sind, bestimmt sich nach Recht und Billigkeit gemäss Art. 4 ZGB. Der Entscheid kann nur unter Berücksichtigung der Umstände des Einzelfalles getroffen werden. Eine Ausnahme ist nur mit grösster Zurückhaltung und ausschliesslich dann zu gewähren, wenn das Kindeswohl einen Verzicht auf Anhörung zwingend gebietet.

---

[33] Botschaft, 144; Bühler/Spühler, N 61 zu Art. 156 ZGB.
[34] A.M. Botschaft, 144.
[35] Bühler/Spühler, N 61 zu Art. 156 ZGB.
[36] Bühler/Spühler, N 61 zu Art. 156 ZGB.
[37] Zum Ganzen gl.M. Guglielmoni/Mauri/Trezzini, 53.

d)   Anhörung der Kinder als Zeugen

Das neue Scheidungsrecht regelt die Frage der Einvernahme von Kindern der Parteien als förmliche Zeugen nicht. Der grundsätzliche Ausschluss der Kinder der Parteien als Zeugen verträgt sich aber nicht mit dem Grundsatz der freien richterlichen Beweiswürdigung gemäss Art. 139 Abs. 1 ZGB. Selbstverständlich kann das Kind insofern nicht als Zeuge einvernommen werden, als es im Scheidungsprozess Partei ist wie bei den Kinderbelangen. Das Scheidungsgericht hat im Einzelfall darüber zu befinden, ob im übrigen Bereich des Prozesses Kinder als Zeugen angehört werden sollen, wobei nicht nur das Alter, sondern auch das Beweisthema zu berücksichtigen sind. Allenfalls hat die Befragung von Kindern als Zeugen unter besondern Schutzvorkehren zu erfolgen, z.B. unter Beizug eines psychologischen Sachverständigen[38]. Im Kanton Zürich liegt die Grundlage für Zeugeneinvernahmen von Kindern im Scheidungsprozess ihrer Eltern in § 157 Abs. 3 ZPO/ZH[39].

6.   Untersuchungsmaxime in Kinderbelangen

Für die Anordnungen über die Kinder (Sorgerecht, persönlicher Verkehr, Kindesschutzmassnahmen, Kinderunterhalt) gilt die Untersuchungsmaxime. Art. 145 Abs. 1 ZGB bestimmt, dass das Gericht den Sachverhalt von Amtes wegen zu erforschen hat. In dieser Beziehung bringt das neue Scheidungsrecht keine Änderung. Der wirkliche Sachverhalt soll und darf von Amtes wegen ermittelt werden[40]. Das ändert nichts daran, dass es in erster Linie Sache der Parteien ist, dem Gericht den tatsächlichen Prozessstoff zu unterbreiten und die Beweismittel dafür zu nennen. Dabei hat sich der Richter des Freibeweises zu bedienen. Das Gericht soll im Rahmen der Untersuchungsmaxime alle für den gegebenen Zweck erforderlichen und geeigneten Ermittlungsmethoden anwenden, ohne an das sonst für den Zivilprozess geltende Beweismittelsystem gebunden zu sein[41]. In Frage kommen in erster Linie die bundesrechtlich vorgesehenen Beweismittel: Befragung der Eltern gemäss Art. 144 Abs. 1 ZGB, Befragung der Kinder gemäss Art. 144 Abs. 2 ZGB, Ernennung von Sachverständigen wie Jugendpsychiatern oder Jungendpsychologen gemäss Art. 145 Abs. 2 ZGB sowie Berichtsbeizug von Vormundschaftsbehörden oder in der Jugendhil-

---

[38]   Vgl. zum Ganzen Bühler/Spühler, N 106 zu Art. 158 ZGB; Spühler/Frei-Maurer, N 106 zu Art. 158 ZGB.
[39]   Vgl. Frank/Sträuli/Messmer, N 8 zu § 157 ZPO/ZH.
[40]   Bühler/Spühler, N 33 zu Art. 156 ZGB.
[41]   Vogel, Freibeweis, 625.

fe tätigen Stellen wie Jugendsekretariaten usw. gemäss Art. 144 Abs. 2 ZGB. Dazu kommen die in den kantonalen Prozessgesetzen vorgesehenen zusätzlichen Beweismittel wie Zeugenbefragung, Beweisaussage, förmlicher Augenschein (z.B. an den Wohnsitzen der Eltern). Diese Beweismittel können aufgrund des hier geltenden Prinzips des Freibeweises ergänzt werden durch weitere Amtsberichte (Lehrer, Polizei usw.), unförmliche bzw. unangemeldete Augenscheine, formlose Befragung gegenwärtiger oder künftiger Bezugspersonen wie Verwandte, Grosseltern, Bekannte[42]. Das rechtliche Gehör ist auch beim Freibeweis zu wahren. Zumindest die Ergebnisse solcher Ermittlungen sind im Protokoll festzuhalten. Den Parteien ist Frist zur mündlichen oder schriftlichen Stellungnahme anzusetzen, und es ist ihnen Gelegenheit zu allfälligen weiteren Beweisanträgen zu geben[43].

7. Offizialmaxime in Kinderbelangen

Die Offizialmaxime gilt auch im neuen Scheidungsrecht in bezug auf alle Kinderbelange, auch wenn dies nicht mehr so klar ist wie es in aArt. 158 ZGB zum Ausdruck kommt (Botschaft S. 123). Sie sind der Parteidisposition entzogen. Das Gericht hat die nötigen und angemessenen Anordnungen zu treffen. Dies selbst für den Fall des Fehlens von Anträgen. Es ist an die Anträge der Parteien und des Kindes nicht gebunden. Gemäss Art. 133 Abs. 2 ZGB ist dabei auf die Meinung des Kindes Rücksicht zu nehmen. Das bedeutet, dass sie das Gericht in seine Abwägung ernstlich miteinbeziehen muss, mehr aber nicht. Auch im Fall des Fehlens von Parteianträgen muss das Gericht die Kinderbelange von Amtes wegen regeln. Die Offizialmaxime gilt auch in den Rechtsmittelinstanzen[44] und zwar ohne Rücksicht auf formelle oder materielle Beschwer[45]. Zu beachten ist, dass beim Kinderunterhalt auch zugunsten des Unterhaltspflichtigen und zum Nachteil des Kindes von Amtes wegen ein Anlass zum Handeln bestehen kann; nicht nur ein Herauf-, sondern auch ein Herabsetzen der Kindesunterhaltsbeiträge ist möglich[46].

---

[42] Vogel, Freibeweis, 615 ff.
[43] Vogel, Freibeweis, 628.
[44] Vgl. die ausgezeichnete Zusammenfassung bei Hinderling/Steck, 489.
[45] Vgl. dazu Vogel, Freibeweis, 610; Bühler/Spühler, N 33 ff. zu Art. 156 ZGB.
[46] Spühler/Frei-Maurer, N 33 f. zu Art. 156 ZGB.

8. Vertretung des Kindes im Prozess der Eltern

a)   Allgemeines

Die bestmögliche Wahrung des Kindesinteresses ist eine der Leitlinien des neuen Scheidungsrechtes. Dies kommt u.a. darin zum Ausdruck, dass die Botschaft diesem Punkt einen eigenen Abschnitt widmet[47]. Das bisherige Recht sah hierfür in der uneingeschränkten Anwendung der Offizial- und der Untersuchungsmaxime eine genügende Garantie. In Anwendung dieser Maximen haben die Gerichte, verstärkt in den letzten beiden Jahrzehnten durch die Möglichkeiten des Freibeweises, dem Kindeswohl bei der Regelung der elterlichen Sorge bzw. bisher der elterlichen Gewalt, dem Besuchsrecht, dem Kindesunterhalt und der Kindesschutzmassnahmen in ausgezeichneter Weise Rechnung getragen. Die Kinder waren nicht Partei[48]. Sie sind es in der Mehrzahl der Fälle auch im neuen Scheidungsrecht nicht. Die Aussage in der Botschaft (S. 146), die oben erwähnten Maximen seien für die Zuteilung der elterlichen Gewalt nicht immer ausreichend gewesen, ist aufgrund langjähriger richterlicher Erfahrung zu relativieren. Es ist vielmehr davon auszugehen, dass auch in Zukunft die Gerichte in Anwendung der Offizial- und der Untersuchungsmaxime dem Kindeswohl weitgehend Rechnung zu tragen vermögen.

Der Beistand muss sich hüten, momentanen Wünschen und Interessen des Kindes zum Durchbruch zu verhelfen. Leitlinie seines Handelns muss das generelle Wohl des Kindes sein[49].

b)   Vertretung des Kindes als Ausnahmefall

Die Bestimmung von Art. 146 Abs. 1 ZGB sieht nun die Möglichkeit vor, dem Kind im Prozess seiner Eltern einen Vertreter als Beistand zu bestellen[50]. Als «Prozess» kommt neben dem Scheidungs- auch der Trennungs- und der Abänderungsprozess in Betracht. Art. 146 ZGB sollte aber analog auch auf Ergänzungsprozesse Anwendung finden, geht es doch dabei im internationalen Verhältnis fast regelmässig um die Kinderbelange oder einzelne Elemente davon, während innerstaatlich nur selten Ergänzungsprozesse notwendig sind.

---

[47]   Botschaft, 30.
[48]   Bühler/Spühler, N 59 zu Art. 156 ZGB; speziell für Unterhaltsleistungen Spühler/Frei-Maurer, N 59 zu Art. 156 ZGB.
[49]   AmtlBull NR 1997, 2654, 2730 (Gefahr des Konfliktes für Kinderanwalt).
[50]   Dem Institut des Kindesanwaltes wurde in der Bundesversammlung etwelches Misstrauen entgegen gebracht. Vgl. z.B. AmtlBull NR 1997, 2661.

Macht das Gericht von Art. 146 Abs. 1 ZGB Gebrauch, wird das Kind im Prozess seiner Eltern als Partei konstituiert. Es ist aber damit nicht allgemein Partei geworden. Seine Parteieigenschaft bezieht sich aufgrund der systematischen Stellung von Art. 146 ZGB nur auf die Kinderbelange. Mit Art. 146 ZGB ist ein eigentlicher Einbruch ins traditionelle Prozessrechtssystem erfolgt. Ohne Streitverkündung und ohne Haupt- oder Nebenintervention wird ein Dritter, nämlich das Kind, wenigstens für Teilbelange durch gerichtlichen Akt als formelle Partei konstituiert. Schon diese prozessrechtliche Erwägungen zeigen, dass eine Vertretung des Kindes nur im Ausnahmefall in Frage kommen kann. Es bedarf dazu grundsätzlich wichtiger Gründe. Im übrigen gibt es im Rahmen der Absätze 1–3 von Art. 146 ZGB Muss- und Kannvoraussetzungen einer Kindervertretung. Angeordnet wird die Vertretung des Kindes durch das Gericht. Örtlich und sachlich zuständig ist das mit der Hauptsache befasste Gericht.

c) Voraussetzungen der Vertretung des Kindes

Es gibt fünf Gründe, um dem Kind im Prozess seiner Eltern als Vertreter einen Beistand zu bestellen. Zwei Gründe sind obligatorischer Natur, drei fakultativer Art.

Obligatorisch ist eine Vertretung anzuordnen:
- wenn wichtige Gründe vorliegen (Art. 146 Abs. 1 ZGB). Massgeblich ist dabei Art. 4 ZGB. Das Vorliegen wichtiger Gründe sollte wegen des Ausnahmecharakters der Kindervertretung nur zurückhaltend bejaht werden;
- wenn das urteilsfähige Kind es verlangt (Art. 16 und Art. 19 Abs. 2 ZGB).

Fakultativ ist eine Vertretung anzuordnen, wenn einer der Fälle von Art. 146 Abs. 2 ZGB vorliegt. Allerdings ist die Aufzählung nicht abschliessend, heisst es doch im Ingress des Absatzes «insbesondere». In den drei Fällen hat das Gericht eine Vertretung des Kindes nur zu prüfen. Erst wenn eine sachgemässe Prüfung ergibt, dass eine Vertretung für das Kindeswohl unumgänglich ist, ist eine solche anzuordnen. Das Gericht soll sich dabei des Ausnahmecharakters einer Vertretung stets bewusst sein. Eine fakultative Vertretung des Kindes kommt in Frage:
- wenn die Eltern mit Bezug auf die elterliche Sorge oder wichtige Fragen des persönlichen Verkehrs unterschiedliche Anträge stellen. Die Grundlage hierfür liegt in Art. 146 Abs. 2 Ziff. 1 ZGB. Auch hier ist das Gericht im Regelfall durchaus in der Lage, ohne Kindervertretung einwandfrei für das Kindeswohl zu sorgen. Nur bei wirklich verzwickten tatsächlichen und/oder rechtlichen Prozessi-

tuationen sollte von der Möglichkeit einer Vertretung des Kindes Gebrauch gemacht werden;
- wenn die Vormundschaftsbehörde es beantragt. Die Grundlage hierfür liegt in Art. 146 Abs. 2 Ziff. 2 ZGB. Ein blosser Antrag der Vormundschaftsbehörde genügt aber nicht. Sie muss eingehend darlegen, weshalb die Vertretung des Kindes nötig ist[51]. Nur wenn das Gericht zum Schluss kommt, ohne Vertretung könne dem Kindeswohl nicht Genüge getan werden, darf es diese bewilligen;
- wenn die Eltern für zentrale Kinderbelange wie elterliche Sorge und grundlegende Fragen des persönlichen Verkehrs zwar gemeinsame Anträge stellen, aber aufgrund der Umstände erhebliche Zweifel an der Angemessenheit bestehen oder Anlass besteht, Kindesschutzmassnahmen in Erwägung zu ziehen. Die bisherige Erfahrung zeigt, dass das Kindeswohl durch das Gericht in solchen Situationen hinreichend beachtet wird. Auch hier sollte deshalb nur im Ausnahmefall eine Vertretung für das Kind bestellt werden.

d) Beistandsbestellung

Die Bestimmung von Art. 147 Abs. 1 ZGB erklärt die Vormundschaftsbehörde sodann als zuständig, einen Beistand zu bestellen. Das Gesetz sagt nichts über die örtliche Zuständigkeit. Es kann sowohl die Vormundschaftsbehörde am Gerichtsstand der Hauptsache oder am Wohnsitz bzw. Aufenthaltsort des Kindes in Betracht kommen. Die Sache ist durch das kantonale Prozessrecht näher zu regeln.

Weil in Art. 147 Abs. 1 ZGB von Beistand und nicht von Vertreter die Rede ist, handelt es sich faktisch um eine Kindesschutzmassnahme[52]. Es muss sich um eine in fürsorgerischen und rechtlichen Fragen erfahrene Person handeln. Da diese gemäss Abs. 2 von Art. 147 ZGB im Prozess der Eltern des Kindes Anträge stellen und auch Rechtsmittel bis ans Bundesgericht ergreifen kann, kommt als Beistand vorab ein nach den Anwaltsgesetzen der Kantone zugelassener Rechtsanwalt, Advokat oder Fürsprecher in Betracht[53]. Dieser muss zudem auch fürsorgerisch erfahren sein. Es muss sich

---

[51] Botschaft, 148.
[52] Botschaft, 148.
[53] Anderer Auffassung BJ Hinweise, 9. Für diese Meinung spricht der Gesetzestext, der in Art. 147 Abs. 1 ZGB lediglich «eine in fürsorgerischen und rechtlichen Fragen erfahrene Person» verlangt. Nur Anwälte zulässig, vgl. AmtlBull NR 1997, 2732 (Suter).

um einen Drittanwalt und nicht um einen der beiden Anwälte der Parteien handeln[54].

Der Vertreter des Kindes darf gemäss Art. 147 Abs. 2 ZGB nur in drei Fragekomplexen Anträge stellen sowie ordentliche und ausserordentliche Rechtsmittel einlegen. Das betrifft einmal das Sorgerecht der Eltern und Kindesschutzmassnahmen. Ferner kann er mit Bezug auf das Besuchsrecht tätig werden, jedoch nur, wenn sich grundlegende Fragen des persönlichen Verkehrs stellen. Geht es nur um Modalitäten wie Zeitdauer, Übergabeort usw., ist der Beistand unzuständig. Dies gilt generell auch für den Kinderunterhalt; der Gesetzgeber ging davon aus, dass sich hier für die Wahrung der Kindesinteressen keine besondern Probleme stellen[55]. Ob dies wirklich zutrifft, ist fraglich. Der Wille des Gesetzgebers ist aber eindeutig.

Keinesfalls darf der Vertreter des Kindes mit der Kindesanhörung gemäss Art. 144 Abs. 2 ZGB betraut werden. Dafür fehlt ihm die erforderliche Unabhängigkeit.

e) *Kosten- und Entschädigungsfolgen*

Die Bestimmung von Art. 147 Abs. 3 ZGB regelt, dass dem Kind im Zusammenhang mit seiner Vertretung im Prozess seiner Eltern keine Gerichtskosten und Parteientschädigungen auferlegt werden können. Es hat eben den Prozess nicht veranlasst.

Offen bleiben zwei Fragen. Erstens stellt sich die Frage der Tragung des Honorars des beauftragten Rechtsanwaltes. Folgerichtig sollte die Vormundschaftsbehörde, die ihn gemäss Art. 147 Abs. 1 ZGB ernannt hat, die Anwaltskosten übernehmen[56]. Betrachtet man die Kosten des Anwaltes als Unterhaltskosten (Kindesschutzmassnahmen), wären sie von den Eltern zu tragen. Zweitens erhebt sich die Frage nach der Übernahme der übrigen Kosten, die im Zusammenhang mit der Konstituierung des Kindes als Partei und den dadurch veranlassten Aufwendungen wie Gutachten, Zeugen und Augenschein entstanden sind. Diese Kosten sollten nach Massgabe des Obsiegens bzw. Unterliegens den Eltern auferlegt werden[57]. Die Kosten- und Entschädigungsfragen können aber auch durch den kantonalen Prozessgesetzgeber durchaus abweichend hiervon geregelt werden, zumal Art. 147 Abs. 3 ZGB hierfür keine bzw. keine abschliessende Regelung enthält. Prozessökonomisch wäre eine Grundlage im kantonalen Prozess-

---

[54] Botschaft, 148.
[55] Botschaft, 148.
[56] Zur Entschädigung des das Kind vertretenden Beistandes vgl. BGE 116 III 399 ff.
[57] So auch Botschaft, 148.

recht, welche die Kosten- und Entschädigungsfolgen mit Bezug auf Kind und Kindervertretung durch den Scheidungsrichter regelt.

9. Noven

a)   Allgemeines

Das bisherige Bundesrecht überliess die Regelung des Novenrechtes dem kantonalen Prozessrecht. Davon rückt es nun ohne Not in Art. 138 Abs. 1 ZGB ab[58]. Diese Bestimmung sieht bei Rechtsmitteln an die obere Instanz ein sehr weitgehendes Novenrecht vor[59]. Dieses schränkt die Eventualmaxime stark ein und fördert ein unsorgfältiges Prozessieren. Die neue Regelung unterläuft die Bestrebungen der Kantone auf Prozessökonomie und sorgfältige Prozessführung. So hat der Kanton Zürich das Novenrecht sowohl in der ersten als auch in der zweiten Instanz erst mit der Prozessrechtsnovelle vom 24. September 1995 beschränkt[60]. Für den Bereich des Scheidungsprozesses wird diese erfreuliche Entwicklung nun durch den Bundesgesetzgeber wieder rückgängig gemacht. Die Botschaft (S. 138) rechtfertigt das weitgehende Novenrecht damit, letztlich laufe die Eventualmaxime auf einen Anwaltszwang hinaus, den es zu beheben gelte. Es gehe um die Feststellung der materiellen Wahrheit, wozu es einer Einschränkung der kantonalrechtlichen Eventualmaxime bedürfe. Die gesetzgeberische Argumentation übersieht, dass in der Praxis, gerade bei Scheidungsprozessen, die Eventualmaxime schon bisher durch die richterliche Fragepflicht, wie z.B. im Kanton Zürich (§ 55 ZPO/ZH), stark herabgemindert war und die Parteien in weniger komplizierten Fällen vor einem Anwaltszwang bewahrte. Die gesetzliche Verankerung einer derartigen Fragepflicht fehlt nur in drei Kantonen[61]. Der Bundesgesetzgeber hätte deshalb besser getan, die gerade in Scheidungsprozessen ausserordentlich wichtige richterliche Fragepflicht im neuen Scheidungsrecht zu verankern. Aufgrund des nunmehrigen sehr ausgedehnten Novenrechtes dürften in diesem Bereich kantonale Rechtsmittelverfahren bedeutend aufwendiger und länger werden.

---

[58]   Das Novenrecht war vor allem im Ständerat sehr umstritten. Er strich, leider nur vorübergehend, Art. 138 ZGB wieder; AmtlBull SR 1996, 767 ff., AmtlBull SR 1998, 12 f. Der Nationalrat erkannte das Problem nicht, AmtlBull NR 1997, 2726.
[59]   Nach Hausheer, ZBJV 135 (1999) 33, fallen darunter echte und unechte Noven.
[60]   Vgl. §§ 115, 138 und 267 ZPO/ZH.
[61]   Vgl. Vogel, 6. Kap. N 37 ff.

b) Inhalt des Novenrechts

Der Inhalt des Novenrechts geht dahin, dass gemäss Art. 138 Abs. 1 ZGB neue Tatsachen und Beweismittel in der kantonalen Rechtsmittelinstanz vorgebracht werden können. Das bedeutet, dass ein gleichartiges Novenrecht auch in der ersten Instanz bestehen sollte und dass somit das neue Scheidungsrecht von Bundesrechts wegen auch entgegenstehende Beschränkungen des Novenrechts für erstinstanzliche Verfahren, wie z.B. § 115 ZPO/ZH, illusorisch macht. Art. 138 ZGB nur für die zweite Instanz gelten zu lassen und nicht auch für das fortgeschrittene erstinstanzliche Verfahren, würde zu verzerrten prozessualen Ergebnissen führen[62]. Art. 138 Abs. 1 ZGB unterscheidet nicht zwischen echten und unechten Noven. Beide Arten sind zulässig[63]. Vor allem die unbeschränkte Zulassung unechter, d.h. schon vor dem erstinstanzlichen Urteil vorhandener Tatsachen und Beweismittel, erlaubt grundsätzlich ohne Nachteile eine unsorgfältige Prozessführung bzw. lädt geradezu dazu ein. Nach der Botschaft (S. 139) ist immerhin der kantonale Gesetzgeber frei, in seinen Prozessgesetzen den massgeblichen Zeitpunkt für die Geltendmachung von Noven zu bestimmen. Er sollte regeln, dass Noven spätestens mit der Berufungsantwort bzw. der Anschlussberufungsantwort erhoben werden müssen.

Das Novenrecht von Art. 138 Abs. 1 ZGB bezieht sich auch auf neue Rechtsbegehren. Dies bedingt notwendigerweise eine Klageänderung. Eine solche ist auch noch in der zweiten Instanz von Bundesrechts wegen zulässig. Auch diesbezüglich ist es aber den kantonalen Prozessgesetzgebern nicht verboten, in zeitlicher Hinsicht Schranken aufzustellen. Klageänderungen sollten nach der Berufungsantwort bzw. Anschlussberufungsantwort ausgeschlossen sein. Das Bundesrecht selbst beinhaltet für Klageänderungen in Art. 138 Abs. 1 ZGB eine materielle Schranke. Neue bzw. geänderte Rechtsbegehren sind nur zulässig, sofern neue Tatsachen und Beweismittel vorliegen und diese das neue Rechtsbegehren veranlasst haben.

Art. 138 Abs. 1 ZGB beeinflusst die Berufung ans Bundesgericht nicht. Noven jeglicher Art sind hier durch Art. 55 Abs. 1 lit. b und c OG ausgeschlossen. Eine Ausnahme bildet Art. 138 Abs. 2 ZGB. Eine Scheidungsklage kann nicht nur in allen kantonalen Verfahrensstadien, sondern auch noch vor Bundesgericht in eine Trennungsklage umgewandelt werden. Dies geht neu aus Art. 138 Abs. 2 ZGB hervor, der die bundesgerichtliche Rechtsprechung verankert[64]. Weil der Grundgedanke «in favorem matrimonii» ist, gilt die ganze Regelung für die Umwandlung einer Scheidungs-

---

[62] A.M. Hausheer, ZBJV 135 (1999) 33.
[63] Botschaft, 138 f.
[64] Botschaft, 139.

in eine Trennungsklage nicht aber umgekehrt. Vgl. im übrigen nachfolgend lit. c.

c)   Anwendungsbereich des Novenrechts

Aus den Materialien ergeben sich keine schlüssigen Anhaltspunkte für den Anwendungsbereich von Art. 138 Abs. 1 ZGB. Die Botschaft (S. 138) spricht von «Milderung der Eventualmaxime (Konzentrationsmaxime) für Klagen». Darunter fallen offensichtlich Scheidungs-, Trennungs-, Abänderungs- und Ergänzungsklagen. Aufgrund der Gesetzessystematik dürfte die neue Novenregelung auch für vorsorgliche Massnahmen gelten. Das hat die Auswirkung, dass die Kantone gegen einen erstinstanzlichen vorsorglichen Massnahmenentscheid ein ordentliches Rechtsmittel vorsehen müssen, wie in Zürich den Rekurs (§ 271 Abs. 1 Ziff. 4 ZPO/ZH). Eine kantonale Nichtigkeitsbeschwerde mit umfassendem Novenrecht ist schon begrifflich undenkbar.

d)   Folgen des Novengebrauchs

Werden neue Tatsachen und Beweismittel unechter Art gestützt auf Art. 138 Abs. 1 ZGB vorgebracht, beruht dies häufig auf unsorgfältiger Prozessführung. Dadurch entstehen regelmässig höhere Kosten. Diese sind unabhängig vom Prozessausgang der verursachenden Partei aufzuerlegen[65]. Analog kann bei der Verteilung der Prozessentschädigungen verfahren werden[66]. Im übrigen entstehen durch den Gebrauch des Novenrechtes keine Nachteile.

---

[65]   Vgl. z.B. § 66 Abs. 1 ZPO/ZH; hierfür auch BJ Hinweise, 7.
[66]   Frank/Sträuli/Messmer, N 14 zu § 68 ZPO/ZH.

I. Teil: Prozessuale Neuerungen

§ 6 Genehmigung der Scheidungsvereinbarung

1. Allgemeines

Das neue Scheidungsrecht ordnet die Genehmigung der Scheidungsfolgen in Art. 111 Abs. 1 und 2 ZGB, Art. 123 ZGB und in Art. 140 ZGB. Im wesentlichen entspricht die neue Regelung aArt. 158 Ziff. 5 ZGB. Lehre und Praxis dazu sind deshalb zu einem schönen Teil weiterhin massgebend. Die Genehmigungsregelung bezieht sich in erster Linie auf Vereinbarungen bei der Scheidung auf gemeinsames Begehren (Art. 111 ZGB), auf Vereinbarungen in streitigen Scheidungsverfahren (Art. 114 ff. ZGB), auf Vereinbarungen bei Teileinigung i.S.v. Art. 112 ZGB, auf Vereinbarungen und Teilvereinbarungen im Rahmen einer einvernehmlichen oder strittigen Ehetrennung sowie auf Vereinbarungen und Teilvereinbarungen bei Abänderungs- und Ergänzungsklagen. Gegenstand der Scheidungsvereinbarung können in erster Linie die scheidungs- und güterrechtlichen Nebenfolgen sein, daneben neu aber auch BVG-Fragen, soweit sie nicht zwingend geregelt sind. Im BVG-Bereich fallen vorab Vereinbarungen über die Veränderung der Halbierung, die Veränderung der zeitlichen Beschränkung oder über einen Verzicht auf Leistungen in Betracht[67]. Noch keine Genehmigung erfolgt am Anfang des Verfahrens bei der Scheidung auf gemeinsames Begehren gemäss Art. 111 Abs. 1 ZGB; es geschieht nur eine Prüfung auf voraussichtliche Genehmigungsfähigkeit der Konvention. Kann am Schluss des Verfahrens nach Art. 111 ZGB eine Vereinbarung nicht genehmigt werden, muss das Scheidungsgesuch abgewiesen und nach Art. 113 ZGB verfahren werden.

Nicht Gegenstand einer Vereinbarung können Kinderbelange sein. Eine hierauf bezügliche Vereinbarung ist als gemeinsamer Antrag der Eltern an das Gericht oder die Vormundschaftsbehörde zu interpretieren[68].

Im Rahmen einer Scheidungskonvention können auch Ansprüche geregelt werden, die nicht scheidungs- oder nicht güterrechtlicher Art sind und auch nicht im BVG ihre Grundlage haben[69]. Eine Genehmigungspflicht hierfür besteht jedoch nicht.

---

[67] Riemer, 427 ff.
[68] Art. 133 Abs. 2 ZGB; Botschaft, 140.
[69] Spühler/Frei-Maurer, N 61 zu den Vorbemerkungen zu Art. 149–157 ZGB.

2. Wesen und Bindung der Vereinbarung

Dem Wesen einer Scheidungsvereinbarung kann nur mit einer funktionalen Betrachtungsweise genüge getan werden. Eine Scheidungsvereinbarung hat dieselbe Funktion der Streiterledigung wie ein Vergleich. Dieser ist aufgrund von Art. 140 ZGB ein Institut des Bundesrechts[70]. Dasselbe gilt auch für Teil- und für Zusatzkonventionen[71]. Die Ehegatten sind deshalb schon vor der richterlichen Genehmigung an die Scheidungsvereinbarung gebunden[72]. Diese Verbindlichkeit bindet die Parteien aber nicht, dem Richter, und zwar auch noch im zweitinstanzlichen Verfahren, die Nichtgenehmigung der Vereinbarung zu beantragen[73]. Im neuen Scheidungsrecht ergibt sich dies auch aus dem ausgedehnten bundesrechtlichen Novenrecht gemäss Art. 138 Abs. 1 ZGB.

Eine noch weniger starke Bindung der Parteien an die Scheidungsvereinbarung besteht neu bei der Scheidung auf gemeinsames Begehren. Aus Art. 111 Abs. 2 ZGB folgt e contrario, dass die Vereinbarung bis zur letzten Anhörung frei widerrufen werden kann[74]. Analoges muss bei einer Scheidung auf gemeinsames Begehren mit Teileinigung gelten. Zur Anfechtung einer rechtskräftigen Scheidungsvereinbarung vgl. Art. 148 Abs. 2 ZGB.

3. Zweck der Genehmigung

Die Genehmigung der Vereinbarung über die Scheidungsfolgen soll gemäss Botschaft (S. 141) verhindern, dass eine Partei zu Zugeständnissen gezwungen werden kann, die als unangemessen und unbillig erscheinen. Diese Betrachtungsweise der Botschaft ist zu eng. Der Zweck der Genehmigungspflicht besteht in der Prüfung von Konventionen auf rechtliche Zulässigkeit, Klarheit und sachliche Angemessenheit[75]. Mit Bezug auf den letzteren Punkt hat das neue Recht aber eine abweichende Nuance gebracht. In Art. 140 Abs. 2 a.E. ZGB ist nur noch die Rede davon, eine Vereinbarung dürfe «nicht offensichtlich unangemessen» sein.

---

[70] Bühler/Spühler, N 146 zu Art. 158 ZGB.
[71] Bühler/Spühler, N 148 zu Art. 158 ZGB.
[72] Spühler/Frei-Maurer, N 151 zu Art. 158 ZGB.
[73] Spühler/Frei-Maurer, N 151 zu Art. 158 ZGB.
[74] Botschaft, 141. Ein Willensmangel ist nicht erforderlich.
[75] Bühler/Spühler, N 158 a.E. zu Art. 158 ZGB. Schwenzer, 176, warnt davor, Konventionen einfach «abzustempeln». Nötig sei eine «echte gerichtliche Inhaltskontrolle».

Enthält eine Scheidungsvereinbarung auch Bestimmungen betreffend Übertragung von Grundeigentum und Begründung von dinglichen Rechten, hat sie auch den Zwecken zu dienen, die mit der öffentlichen Beurkundung erreicht werden sollen. Eine solche ist nämlich zusätzlich zur richterlichen Genehmigung nicht erforderlich.

4. Zuständigkeit

Art. 111 Abs. 2 ZGB und Art. 140 Abs. 2 ZGB erklären das «Gericht» als für die Genehmigung zuständig. Örtlich und sachlich zuständig ist der Scheidungs-, Trennungs-, Abänderungs- und Ergänzungsrichter. Das gilt selbstverständlich nur, wenn der Richter in der Sache an sich zuständig ist. Dies ist in den Abänderungsfällen von Art. 134 Abs. 3 und 4 ZGB teilweise nicht mehr der Fall.

Die Parteien können die Regelung der güterrechtlichen Auseinandersetzung auch dem Spruch eines Schiedsgerichtes unterstellen. Dasselbe muss für die Teilung der Austrittsleistungen aus der beruflichen Vorsorge gemäss Art. 141 f. ZGB gelten, handelt es sich doch hier recht eigentlich auch um güterrechtliche Leistungen. Entsprechende Vereinbarungen bedürfen jedoch ebenfalls der richterlichen Genehmigung gemäss Art. 140 ZGB und zwar durch den vorstehend erwähnten staatlichen Richter[76].

Bei den beruflichen Vorsorgeleistungen ergibt sich eine Besonderheit. Aus Art. 142 Abs. 2 ZGB folgt, dass das Scheidungsgericht nur über das Teilungsverhältnis zu entscheiden hat und dass dieses Gericht dann die Streitsache von Amtes wegen nach dem FZG dem zuständigen Gericht zu überweisen hat. Kommt dort eine Vereinbarung über das noch Strittige zustande, ist sachlich dieses Gericht (in der Regel das kantonale Sozialversicherungsgericht) zu deren Genehmigung zuständig. Örtlich ist das Gericht desjenigen Kantons zuständig, in dem das Scheidungsverfahren stattgefunden hat[77].

5. Rechtsnatur der Genehmigung

Wie nach geltendem Recht gemäss aArt. 158 Ziff. 5 ZGB bedarf eine Vereinbarung über die Nebenfolgen der Scheidung oder Trennung zu ihrer Gültigkeit der richterlichen Genehmigung[78]. Die Genehmigung ist Konsti-

---

[76] Spühler/Frei-Maurer, N 161 zu Art. 158 ZGB.
[77] Botschaft, 112; vgl. Art. 25a Abs. 1 FZG.
[78] Botschaft, 140. Es ist sinnvoll, weiterhin von Nebenfolgen zu sprechen.

tutiverfordernis[79]. Die genehmigte Scheidungskonvention stellt einen definitiven Rechtsöffnungstitel i.S.v. Art. 80 SchKG dar. Auch in diesem Zusammenhang ist darauf hinzuweisen, dass eine richterlich genehmigte Scheidungskonvention, die Grundeigentum zum Gegenstand hat, keiner öffentlichen Beurkundung mehr bedarf[80].

6. Form der Genehmigung

Neu bestimmt Art. 140 Abs. 1 Satz 2 ZGB, die Vereinbarung über die Scheidungsfolgen sei in das Urteilsdispositiv aufzunehmen. Damit wird klargestellt, dass die Vereinbarung im Sinne der bundesgerichtlichen Rechtsprechung Bestandteil des Scheidungsurteils wird[81]. Dies war in der bisherigen Praxis nicht in allen Kantonen der Fall. Vielerorts begnügten sich die Gerichte mit der Wiedergabe des Vereinbarungsinhaltes im Rahmen der Urteilserwägungen, wobei im Dispositiv nur vermerkt wird, die Vereinbarung werde genehmigt. Dies ist nicht mehr zulässig. Neu muss der ganze ungekürzte Inhalt einer Scheidungs- oder Trennungsvereinbarung ins Urteilsdispositiv aufgenommen werden. Dies ist auch vollstreckungsrechtlich von Vorteil[82].

7. Teilvereinbarung

Aus Art. 112 Abs. 1 und 2 ZGB folgt nun klar, dass auch Teilkonventionen zulässig sind. Ihre Genehmigung unterliegt denselben Regeln wie die Gesamtkonventionen.

8. Teilweise Genehmigung

Eine nur teilweise Genehmigung einer Scheidungsvereinbarung ist nach wie vor möglich, auch wenn das neue Scheidungsrecht hierüber nichts sagt. Beim Entscheid über eine nur teilweise Genehmigung ist entsprechend Art. 20 Abs. 2 OR anzuwenden. Eine Teilgenehmigung bzw. Teilnichtgenehmigung ist nur möglich, wenn davon ausgegangen werden kann, dass

---

[79] Bühler/Spühler, N 171 zu Art. 158 ZGB.
[80] Spühler/Frei-Maurer, N 172 zu Art. 158 ZGB.
[81] Botschaft, 141.
[82] Botschaft, 141.

die Konvention auch ohne die nicht genehmigten Teile geschlossen worden wäre[83].

9. Gründe für die Nichtgenehmigung

Die Gründe für die Nichtgenehmigung ergeben sich vorab aus Art. 140 Abs. 2 ZGB. Darüber hinaus finden sie sich aber auch in der ganzen übrigen Rechtsordnung.

a)   Fehlende reifliche Überlegung

Nach dem neuen Scheidungsrecht muss das Gericht prüfen, ob die Ehegatten erst nach reiflicher Überlegung die Scheidungsvereinbarung geschlossen haben (Art. 111 Abs. 1 ZGB, Art. 140 Abs. 2 ZGB). Diese Prüfung ist streng von derjenigen auf einen Willensmangel zu trennen.

b)   Vorliegen eines Willensmangel

Das Gericht hat zu prüfen, ob die Vereinbarung auf freiem Willen beruht. Bei Übervorteilung (Art. 21 OR), Irrtum, Täuschung oder Furchterregung (Art. 23 ff. OR) ist sie nicht zu genehmigen. Das Gericht hat aber nicht von sich aus nach versteckten Willensmängeln zu suchen[84].

c)   Weitere Rechtsmängel

Das Gericht hat sodann in erster Linie zu prüfen, ob scheidungsrechtliche Vorschriften beachtet werden. Neu wird bei einem ganzen oder teilweisen Verzicht auf BVG-Leistungen zu prüfen sein, ob i.S.v. Art. 123 Abs. 1 ZGB wirklich eine entsprechende Alters- und Invalidenvorsorge auf andere Weise gewährleistet ist und den entsprechenden Verzicht rechtfertigt. Nicht genehmigt werden können Vereinbarungsbestimmungen über die Barauszahlung der zu übertragenden Austrittsleistungen, da diese der zwingenden Norm von Art. 5 FZG unterstehen[85]. Vorbehalten bleiben einzelne Ausnahmetatbestände.

Das Gericht darf sich bei der Prüfung von Vereinbarungen nicht auf die Vorschriften des Scheidungsrechts beschränken, sondern hat vorab darauf zu achten, dass keine allgemeinen Vorschriften des Privatrechts verletzt

---

[83] Spühler/Frei-Maurer, N 78 zu Art. 158 ZGB.
[84] Botschaft, 141.
[85] Riemer, 430.

sind[86]. Die rechtliche Unzulässigkeit von Konventionsbestimmungen kann auch auf einem Verstoss gegen öffentlich-rechtliche Bestimmungen beruhen, vor allem des Sozialversicherungsrechts und des Steuerrechts[87].

Rechtsmängel bestehen auch nach dem neuen Scheidungsrecht, wenn eine Scheidungsvereinbarung nicht klar oder nicht vollständig ist. Dies ergibt sich neu ausdrücklich aus dem Gesetzeswortlaut von Art. 140 Abs. 2 ZGB. Unklarheit bildet einen selbständigen Nichtgenehmigungsgrund. Unklar sind insbesondere Abmachungen mit objektiv mehrdeutigen Konventionsbestimmungen[88]. Ist z.B. unklar, ob eine Zahlungsverpflichtung unter güter- oder scheidungsrechtlichen Gesichtspunkten zu leisten ist, wie Sozialversicherungsrenten genau unter die Ehegatten aufzuteilen sind oder welcher Teil der Unterhaltsleistungen für den Ehegatten bzw. die Kinder bestimmt ist[89], so ist die Konvention je nachdem ganz oder teilweise nicht zu genehmigen. Zu bedenken ist insbesondere, dass über die genannten Materien nicht zuletzt im Hinblick auf ein allfälliges Abänderungsbegehren Klarheit herrschen sollte.

Heikel ist der Nichtgenehmigungsgrund der Unvollständigkeit einer Scheidungsvereinbarung (Art. 140 Abs. 2 ZGB). Wie aus Art. 111 Abs. 1 und 2 ZGB hervorgeht, sind nämlich Teilkonventionen erlaubt. Sie müssen als solche vollständig sein. Ein besonderes Problem stellen in diesem Zusammenhang Anträge mit Bezug auf die gemeinsame elterliche Sorge dar. In diesen Fällen hat eine Scheidungsvereinbarung Bestimmungen über die Betreuung des Kindes wie zeitlicher Einsatz usw. zu enthalten (Art. 133 Abs. 3 ZGB). Mit der Annahme einer Unvollständigkeit ist jedenfalls Zurückhaltung geboten. Vermehrt sollten Konventionen aber auf die steuerlichen Folgen der Scheidung überprüft werden, insbesondere bei der Übertragung von Grundeigentum[90]. Fehlt diesbezüglich eine Regelung, so ist eine Scheidungsvereinbarung unvollständig und damit nicht genehmigungsfähig.

d)   Unangemessenheit

Neben der Prüfungspflicht auf Rechtmässigkeit im engeren Sinne besteht für den Richter auch eine solche unter dem Gesichtspunkt der sachlichen Angemessenheit. Das neue Recht bringt eine Lockerung dieses Nichtgenehmigungsgrundsatzes gegenüber der bisherigen Praxis. Diese verlangte

---

[86] Z.B. Art. 20 OR, Art. 27 ff. ZGB; Bühler/Spühler, N 180 zu Art. 158 ZGB.
[87] Zu letzterem Spühler/Frei-Maurer, N 181 zu Art. 158 ZGB.
[88] Bühler/Spühler, N 191 zu Art. 158 ZGB.
[89] Vgl. Beispiele in Botschaft, 141.
[90] Vgl. Spühler/Frei-Maurer, N 192 zu Art. 158 ZGB.

«sachliche Angemessenheit»[91]. Neu dürfen Konventionen nur dann nicht genehmigt werden, wenn sie «offensichtlich unangemessen» sind (Art. 140 Abs. 2 a.E. ZGB). Die Unangemessenheit muss also eine qualifizierte sein, damit eine Nichtgenehmigung erfolgen darf.

e) Unangemessenheit und Abänderungsverzicht

An sich sind die Scheidungsfolgen auch im neuen Recht abänderbar. Es kann sowohl bei der Rente auf nachehelichen Unterhalt (Art. 127 ZGB) als auch bei den Kinderrenten (Art. 287 Abs. 2 ZGB) ganz oder teilweise auf Abänderbarkeit verzichtet werden. Der Verzicht auf die Abänderbarkeit ist aber deshalb besonders heikel, weil er eine sehr langfristige Bindung darstellt, z.B. wenn er eine lebenslängliche Unterhaltsrente betrifft oder ein Kind noch sehr klein ist. Es kann bei Art. 127 ZGB eine übermässige Bindung der Persönlichkeit gemäss Art. 27 ZGB vorliegen[92]. Nicht so krass, aber ähnlich können sich die Fragen bei einem Verzicht auf die Abänderbarkeit von Kinderunterhaltsbeiträgen stellen. Jedenfalls sollte dies das Genehmigungsgericht bei seinem Entscheid bedenken. Je jünger Ehegatten bei der Scheidung oder wie ungefestigter ihre wirtschaftlichen Verhältnisse in diesem Moment sind, desto eher drängt sich eine zurückhaltende Genehmigungspraxis von Verzichtserklärungen auf. Es ist aber auch in Rechnung zu stellen, dass bei einer Sozialkatastrophe, wie z.B. bei Zahlungsunfähigkeit einer Pensionskasse, eine Korrektur immer noch über Art. 2 ZGB möglich ist[93]. Eine solche Korrekturmöglichkeit ist jedoch ausgesprochenen Ausnahmefällen vorbehalten.

Bei der Prüfung der Genehmigung des Verzichts auf Änderung von vertraglich festgelegten Unterhaltsbeiträgen gemäss Art. 282 Abs. 2 ZGB hat das Genehmigungsgericht in Anwendung der Untersuchungs- und der Offizialmaxime einen strengen Massstab anzuwenden. Der Ausschluss der Abänderung bedarf als Ausnahme besonderer Rechtfertigung. Das Kind muss beispielsweise ein Interesse haben, das Risiko nachträglicher Änderungen zu seinen Ungunsten auszuschalten[94].

10. Genehmigung bei BVG-Vereinbarungen

Das Gesetz bietet den Parteien im Bereich der beruflichen Vorsorge eine ganze Reihe von individuellen Gestaltungsmöglichkeiten mittels Schei-

---

[91] Hierüber BGE 119 II 301.
[92] Bühler/Spühler, N 7 zu Art. 157 ZGB.
[93] Botschaft, 118. Die Botschaft ist hier zu optimistisch.
[94] Hegnauer, N 103 zu Art. 287/288 ZGB.

dungskonventionen an. Solche Vereinbarungen sind sowohl aufgrund der allgemeinen Bestimmung von Art. 140 ZGB als auch gestützt auf Art. 141 Abs. 1 ZGB durch den Scheidungsrichter zu genehmigen. Eine Art Genehmigung muss für die Teilung der Austrittsleistungen und die Art der Durchführung der Teilung vorher durch Bestätigung der beteiligten Einrichtungen der beruflichen Vorsorge erfolgen. Diese Bestätigung muss sich auf die Durchführbarkeit der getroffenen Regelung und die Höhe der Guthaben beziehen, allerdings entgegen dem Wortlaut von Art. 141 Abs. 1 ZGB nur im Fall der Vereinbarung eines bestimmten Betrages[95]. Besteht Uneinigkeit über die Durchführbarkeit der getroffenen BVG-Regelung, so hat darüber das zuständige BVG-Gericht zu entscheiden. Nur der Genehmigung durch den Scheidungsrichter bedarf logischer Weise der ganze oder teilweise Verzicht eines oder beider Ehegatten auf den beruflichen Vorsorgeanspruch gemäss Art. 123 Abs. 1 ZGB. Ein Sonderproblem ergibt sich, wenn eine «angemessene Entschädigung» gemäss Art. 124 Abs. 1 ZGB geschuldet und diese im Rahmen einer Scheidungsvereinbarung geregelt werden soll. Dies ist beispielsweise der Fall nach Eintritt des Vorsorgefalles, bei Unmöglichkeit der Teilung wegen ausländischer Vorsorgeeinrichtungen oder bei Magistratspersonen mit Ruhegehalt ohne BVG-Unterstellung. Eine entsprechende Konventionsbestimmung über eine «angemessene Entschädigung» kann vom Richter nur genehmigt werden, wenn diese die Ehedauer, die unterschiedlichen Vorsorgebedürfnisse der Parteien je nach deren Alter und die andern relevanten wirtschaftlichen Verhältnisse berücksichtigt[96].

---

[95] Riemer, 426.
[96] Botschaft, 106.

§ 7 Rechtskraft

1. Grundsatz der Teilrechtskraft

Der Bundesgesetzgeber greift neu auch im Zusammenhang mit der Rechtskraft ins kantonale Prozessrecht ein. Er bestimmt in Art. 148 Abs. 1 ZGB, die Einlegung eines Rechtsmittels im Scheidungsbereich (Scheidung, Trennung, Ergänzungsverfahren, Abänderung) hemme den Eintritt der Rechtskraft eines Urteils nur im Umfang der Rechtsmittelanträge. Er übernimmt damit den Grundsatz, wie er für die bundesrechtliche Berufung schon bisher gegolten hat (vgl. Art. 54 Abs. 2 Satz 2 OG). Dasselbe war bisher auch für die Berufung im Kanton Zürich der Fall (§ 260 Abs. 1 ZPO/ZH). Viele Kantone kannten aber die Teilrechtskraft nicht, was sich vor allem angesichts der im Scheidungsbereich aus vielen Kernpunkten zusammengesetzten Urteile stossend auswirkte[97].

2. Ausnahmen

Hievon enthält Art. 148 Abs. 1 Halbsatz 2 ZGB eine Ausnahme zugunsten des Kindes bzw. des Kindesunterhaltes. Die Anfechtung des Unterhaltsbeitrages für den Ehegatten bewirkt von Gesetzes wegen, dass auch die Unterhaltsbeiträge für die Kinder neu beurteilt werden können. Hierfür besteht ein eminent praktisches Bedürfnis. Für den Fall, dass die Rechtsmittelinstanz zum Schluss gelangt, die Ehegattenalimente seien zu reduzieren und der Kinderunterhalt sei zu tief angesetzt, wäre ohne die Ausnahme eine Korrektur der Kinderalimente wegen der Teilrechtskraft ausgeschlossen. Die Anfechtung des Ehegattenunterhaltes mittels eines ordentlichen Rechtsmittels ermöglicht somit eine Neubeurteilung des Kinderunterhaltes. Art. 148 Abs. 1 Halbsatz 2 ZGB ist derart allgemein formuliert, dass die geschilderte Möglichkeit auch bei der bundesgerichtlichen Berufung Geltung haben muss. Infolge des Ausnahmecharakters rechtfertigt es sich nicht, Art. 148 Abs. 1 Satz 2 ZGB auch auf diejenigen Fälle auszudehnen, bei denen der Unterhaltsbeitrag in Anwendung von Art. 133 Abs. 1 Satz 2 ZGB über die Mündigkeit hinaus festgelegt worden ist.

---

[97] Vgl. Botschaft, 149.

§ 8 Anfechtung und Erläuterung der rechtskräftigen Scheidungsvereinbarung

1. Revision von Bundesrechts wegen

Die Vereinbarung über die Scheidung (auf gemeinsames Begehren oder auf Klage hin; Vereinbarung im Trennungs-, Ergänzungs- oder Abänderungsverfahren) verliert mit der Genehmigung durch den Richter ihren rechtsgeschäftlichen Charakter, wird Bestandteil des Scheidungsurteils gemäss Art. 140 Abs. 1 ZGB und hat an dessen Rechtskraft teil. Der Bundesgesetzgeber fand es als stossend, dass bisher in einer ganzen Anzahl von Kantonen die Revision für die Anfechtung von rechtskräftigen Scheidungskonventionen nicht zur Verfügung stand (anders in Zürich, vgl. § 293 Abs. 2 ZPO/ZH). Deshalb sieht nun Art. 148 Abs. 2 ZGB eine für Kantone und Bund gleicherweise geltende Revisionsmöglichkeit vor, um Mängel im Vertragsschluss auch nach Rechtskraft beheben zu können. Mit dieser Revision können aber nur die vermögensrechtlichen Scheidungsfolgen angefochten werden; dazu gehören auch die Elemente der beruflichen Vorsorge[98]. Eine Anfechtung dürfte ausnahmsweise auch mit Bezug auf Parteiübereinkünfte in Kinderbelangen zulässig sein, sofern die Anfechtung auch Auswirkungen auf die vermögensrechtlichen Konventionsbestimmungen haben kann[99].

Wenn in Art. 148 Abs. 2 ZGB allgemein von «Mängeln im Vertragsschluss» die Rede ist, so sind damit in erster Linie die klassischen Willensmängel Irrtum, absichtliche Täuschung und Furchterregung gemäss Art. 23 ff. OR gemeint. Die Botschaft (S. 150) klammert die Übervorteilung gemäss Art. 21 OR als Revisionsgrund aus. Ihr Einwand, die Prüfungspflicht des Gerichtes mit Bezug auf Scheidungsvereinbarungen (Art. 140 Abs. 2 ZGB) biete einen genügenden Schutz, vermag nicht zu überzeugen. Gerade bei komplexen Konventionen ist eine Übervorteilung nicht selten im Rahmen des Genehmigungsverfahrens nur schwer zu erkennen. Ausserdem verlangt eine rechtsgleiche Behandlung, dass nicht nur ein Getäuschter, sondern auch ein Übervorteilter eine Scheidungsvereinbarung mit Revision anfechten kann.

---

[98] Riemer, 431.
[99] Bühler/Spühler, N 203 zu Art. 158 ZGB.

2. Vorbehaltenes kantonales Recht

Das neue Recht regelt in Art. 148 Abs. 2 ZGB nur den Grundsatz der Revision. Es bleibt deshalb dem kantonalen Prozessrecht vorbehalten, die weitern Modalitäten dieser Revision zu ordnen[100]. Es betrifft dies vor allem die Fristen, die Form des Begehrens, die Frage der aufschiebenden Wirkung, das Verfahren und die Regelung der Kosten- und Entschädigungsfolgen[101].

Das kantonale Prozessrecht kann sodann zusätzliche Revisionsgründe vorsehen, mit denen rechtskräftig genehmigte Scheidungsvereinbarungen aufgehoben werden können.

3. Erläuterung

Scheidungs- und Trennungsvereinbarungen sind trotz des Fehlens einer allgemeinen Regelung des Bundesrechts erforderlichenfalls vom Scheidungs- und Trennungsrichter zu erläutern. Das muss als allgemeiner Bundesrechtssatz wie bis anhin Geltung haben. Die Erläuterung kann auch vermögensrechtliche Punkte betreffen. Sie stellt eine authentische Interpretation des Urteils dar. Die Erläuterung kommt nur in Frage, wenn die Konvention in Verbindung mit dem Urteil eine klar gedachte und gewollte Lösung nicht richtig wiedergibt. Zur Stellung eines Erläuterungsbegehrens sind in der Regel auch die Vormundschaftsbehörde und das Grundbuchamt berechtigt[102]. Zur Erläuterung legitimiert sein müssen neu offensichtlich auch die BVG-Einrichtungen und gegenüber dem Scheidungsgericht auch das Sozialversicherungsgericht gemäss Art. 25a FZG. Die Erläuterung ist streng zu trennen von der Abänderung und der Revision. Sie ist mehr als die Berichtigung, die nur bei offensichtlichen Versehen zu deren Klärung in Frage kommt[103]. Zu denken ist an Schreib- und Rechnungsfehler.

---

[100] Botschaft, 150.
[101] Mustergültig §§ 293–299 ZPO/ZH.
[102] Bühler/Spühler, N 206 zu Art. 158 ZGB.
[103] Spühler/Frei-Maurer, N 206 zu Art. 158 ZGB.

§ 9 Rechtsmittel bei Scheidung auf gemeinsames Begehren

1. Einschränkung der Rechtsmittelmöglichkeiten

Die Rechtsmittelmöglichkeiten bei der Scheidung auf gemeinsames Begehren werden durch Art. 149 Abs. 1 ZGB erheblich eingeschränkt. Der Gesetzgeber ging davon aus, das Verfahren auf gemeinsames Begehren zeichne sich durch zahlreiche verfahrensmässige Sicherungen zum Schutz der Ehegatten aus. Hat das Gericht die Scheidung ausgesprochen, so soll der Scheidungspunkt nur noch unter qualifizierten Voraussetzungen angefochten werden können[104].

2. Beschränkung auf den Scheidungspunkt

Art. 149 Abs. 1 ZGB bezieht sich dem Wortlaut nach nur auf den Scheidungspunkt («nur die Auflösung der Ehe»). Gestützt auf Art. 117 Abs. 2 ZGB muss dies bei der Ehetrennung aber auch für den Trennungspunkt gelten.

Wird nur die Vereinbarung über die Folgen der Scheidung angefochten, kommt die Rechtsmittelbeschränkung von Art. 149 Abs. 1 ZGB nicht in Betracht. Die Botschaft (S. 150) verweist für diesen Fall auf die Revision gemäss Art. 148 Abs. 2 ZGB. Diese Betrachtungsweise ist nicht nur zu eng, sie ist geradezu falsch. Art. 148 Abs. 2 ZGB betreffend die Revision gilt nämlich nur für den Fall, dass die Genehmigung der Vereinbarung schon rechtskräftig geworden ist. In den vielen Fällen, in denen ein noch nicht rechtskräftiger Genehmigungsentscheid vorliegt, stehen für den Fall der Scheidungsvereinbarung bzw. deren Anfechtung alle ordentlichen und ausserordentlichen Rechtsmittel der Kantone und des Bundes offen.

3. Beschränkung auf ordentliche Rechtsmittel

Art. 149 Abs. 1 ZGB schränkt nur die ordentlichen Rechtsmittel ein. Bei der Scheidung auf gemeinsames Begehren können gegen Entscheide über den Scheidungs- und Trennungspunkt alle ausserordentliche Rechtsmittel der Kantone und des Bundes frei ergriffen werden. Das heisst, dass u.U. parallel auch zwei kantonale Rechtsmittel ergriffen werden können: Eine

---

[104] Botschaft, 150.

Berufung im Scheidungspunkt wegen Willensmängeln und bzw. oder Verletzung von bundesrechtlichen Verfahrensvorschriften sowie eine Nichtigkeitsbeschwerde im Scheidungspunkt oder in einem Nebenpunkt oder mit Bezug auf die Genehmigung der Scheidungsvereinbarung.

Der letzte kantonale Sachentscheid über Gutheissung oder Abweisung der Scheidung auf gemeinsames Begehren gemäss Art. 111 bzw. Art. 112 ZGB kann auch mit Berufung beim Bundesgericht angefochten werden. Dies geht nun aus Art. 44 lit. b^{bis} OG hervor. Dabei gelten aber die Einschränkungen von Art. 149 Abs. 1 ZGB[105]. Die allgemeinen Rügegründe der Berufung ans Bundesgericht (Verletzung des Bundesrechtes, Verletzung völkerrechtlicher Verträge) gemäss Art. 43 OG fallen ausser Betracht. Gerügt werden können mit der eidgenössischen Berufung nur das Vorliegen von Willensmängeln und die Verletzung von bundesrechtlichen Verfahrensvorschriften, wie dies aus Art. 149 Abs. 1 ZGB hervorgeht. Darüber hinaus muss es aber möglich sein, auch selbständige Vor- und Zwischenentscheide in diesem Bereich gestützt auf Art. 49 Abs. 1 und Art. 50 OG beim Bundesgericht mit Berufung anzufechten. Die Einschränkung in Art. 149 Abs. 1 ZGB bezieht sich nämlich nur auf das Anfechtungsobjekt der «Auflösung der Ehe», d.h. auf den Scheidungspunkt als solchen. Aus diesen Überlegungen ergibt sich, dass die Rechtsmittelbeschränkung des Bundesgesetzgebers bei der Scheidung auf gemeinsames Begehren sich weitgehend als grossen Bumerang erweisen dürfte. Sie dient weder der Sache noch den beteiligten Ehegatten und Kindern. Zu bedenken ist vor allem, dass die Nichtigkeitsbeschwerdeinstanz dem parallel zum ordentlichen ergriffenen ausserordentlichen Rechtsmittel regelmässig aufschiebende Wirkung zuerkennen kann. Damit tritt keine Beschleunigung, wie sie die Revision des Scheidungsrechtes anstrebte, ein.

4. Beschränkung der Rügegründe

Art. 149 Abs. 1 ZGB beschränkt die Rügegründe des ordentlichen Rechtsmittels in Kantonen und Bund gegen den Scheidungs- bzw. den Trennungspunkt bei einer Scheidung auf gemeinsames Begehren auf deren zwei: Willensmängel und Verletzung bundesrechtlicher Verfahrensvorschriften über das gemeinsame Scheidungsbegehren. Als Willensmämgel müssen auch hier die Art. 21, 23 ff., 28 und 29 f. OR in Betracht fallen. Gerügt werden kann mit dem ordentlichen Rechtsmittel ferner die Nichteinhaltung von Verfahrensvorschriften des Bundesrechtes. Darunter sind nicht etwa die Verfahrensvorschriften des eidgenössischen Scheidungsrechtes

---

[105] Vgl. Botschaft, 172.

schlechthin zu verstehen, sondern nur die Verfahrensvorschriften über die Scheidung auf gemeinsames Begehren. Ein Beispiel bildet die Verletzung von Art. 111 Abs. 2 ZGB über die zweimonatige Bedenkzeit.

Neben dem ordentlichen Rechtsmittel der eidgenössischen Berufung ist auch auf Bundesebene bei Verfassungsverletzungen die staatsrechtliche Beschwerde möglich (vgl. Art. 43 Abs. 1 Satz 2 OG).

Sind andere Verfahrensvorschriften des Scheidungsrechts bzw. des übrigen Bundesrechtes oder etwa kantonalrechtliche Verfahrensvorschriften verletzt worden, kommt bei der Scheidung auf gemeinsames Begehren durchaus ein ausserordentliches kantonales Rechtsmittel in Frage. Liegen entsprechende Voraussetzungen vor, so entfallen beispielsweise im Kanton Zürich gegenüber bisher die Berufung und auch der Rekurs. Möglich ist nur noch die kantonale Nichtigkeitsbeschwerde gemäss § 281 ZPO/ZH. Bei der Scheidung auf gemeinsames Begehren kann somit die Auflösung der Ehe wegen Willensmängeln oder Verletzung bundesrechtlicher Verfahrensvorschriften über diese Scheidungsform mit dem ordentlichen kantonalen Rechtsmittel der Berufung angefochten werden. Alle übrigen materiell- und formellrechtlichen Rügen können parallel dazu mit dem ausserordentlichen kantonalen Rechtsmittel der Nichtigkeitsbeschwerde geltend gemacht werden. Dieses Beispiel zeigt, wie wenig überlegt der Bundesgesetzgeber im Zusammenhang mit seinem Hineinlegiferieren ins kantonale Rechtsmittelrecht vorgegangen ist. Statt Einfachheit und Klarheit hat er Unübersichtlichkeit und Kompliziertheit geschaffen. Darunter werden nicht nur die Parteien, sondern auch die kantonalen Gerichte zu leiden haben. Einer der Ausgangspunkte für die unbefriedigende Rechtsmittelordnung bildet offensichtlich der Denkfehler in der Botschaft, welche übersehen hat, dass die Revision gemäss Art. 148 Abs. 2 ZGB eben nur bei Rechtskraft des Urteils und damit auch Rechtskraft einer Vereinbarung gegeben ist. Das Loch, das zwischen Art. 149 Abs. 1 ZGB und Art. 148 Abs. 2 ZGB bei den Rechtsmitteln besteht, wurde offensichtlich zu wenig bedacht. Dieses Loch wird durch die kantonalen Rechtsmittelordnungen gefüllt. Dabei wird es unweigerlich zu Rechtsmittelparallelitäten kommen.

5. Anfechtung der einvernehmlichen Scheidungsfolgen

Jeder Ehegatte kann die einvernehmlich geregelten Scheidungsfolgen, solange sie nicht rechtskräftig geworden sind (nach Rechtskraft mit Revision, Art. 148 Abs. 2 ZGB), mit einem ordentlichen Rechtsmittel anfechten; dies geht aus Art. 149 Abs. 2 ZGB hervor. Das Bundesrecht schreibt nur vor, dass es sich um ein ordentliches Rechtsmittel handeln muss. Dessen nähere

Ausgestaltung ist Sache des kantonalen Prozessrechts. Unter den Scheidungsfolgen sind in diesem Zusammenhang sowohl die Kinderbelange gemäss Art. 133 Abs. 3 ZGB als auch die vermögensrechtlichen Folgen der Scheidung bzw. Trennung zu verstehen. Für die Kinderbelange gilt die Anfechtungsmöglichkeit schon heute und zwar auch dann, wenn den Parteianträgen im Scheidungs- oder Trennungsurteil entsprochen wurde[106]. Auch für die vermögensrechtlichen Scheidungsfolgen, die im Rahmen einer Vereinbarung geregelt werden, muss die Anfechtungsmöglichkeit von Art. 149 Abs. 2 ZGB aufgrund des klaren Wortlautes generell gelten, d.h. unabhängig vom Streitwert des mit einem Willensmangel behafteten Gegenstandes.

Der nationalrätlichen Rechtskommission missfiel dabei bei der Scheidung auf gemeinsames Begehren die Situation des andern Ehegatten für den Fall, dass der die Scheidungs- oder Trennungsvereinbarung Anfechtende ganz oder teilweise mit dem eingelegten ordentlichen Rechtsmittel durchdringen würde. Sie entwickelte deshalb ein nunmehr in Art. 149 Abs. 2 ZGB verankertes Konzept, das die Zustimmung des Ratsplenums fand[107]. Dieses Konzept geht davon aus, aus Gründen des Vertrauensschutzes müsse die beklagte Partei das Recht haben, in einem solchen Fall die Zustimmung zur Scheidung als solcher wegen der Anfechtung der einverständlich geregelten Scheidungsfolgen zu widerrufen[108].

Weil der Vertrauensgrundsatz nur spielen muss, wenn die einvernehmlich geregelten Scheidungsfolgen geändert werden, muss die ordentliche Rechtsmittelinstanz zuerst hierüber einen Vorentscheid (in Zürich Vorurteil gemäss § 189 Satz 2 ZPO) fällen[109]. Es genügt, wenn dieser sich grundsätzlich zur Änderungsproblematik ausspricht. Die Einzelheiten können vorbehalten bleiben.

Wird in diesem Vorurteil entschieden, dass die einverständlich geregelten Scheidungsfolgen nicht geändert werden, so ist die Sache mit dem Vorurteil endgültig erledigt; dieses erhält den Charakter eines Endentscheides. Wird im Vorurteil dagegen entschieden, die einverständlich geregelten Scheidungsfolgen würden geändert, so hat das Gericht mit diesem Vorent-

---

[106] Bühler/Spühler, N 40 f. zu Art. 156 ZGB.
[107] AmtlBull NR 1997, 2727.
[108] Bundesrat Koller wies darauf hin, dass in einem solchen Fall auch das Rechtsmissbrauchsverbot gilt; AmtlBull NR 1998, 1317. Die Rechtskommission des Ständerates war von der Lösung von Art. 149 Abs. 2 ZGB nicht begeistert. «Die Anfechtung der Scheidung könnte zu einem reinen prozesstaktischen Instrument verkommen» sagte Ständerat Küchler als Berichterstatter; AmtlBull SR 1998, 328.
[109] So auch Hausheer, ZBJV 135 (1999) 35.

scheid gleichzeitig dem andern Ehegatten Frist anzusetzen. Mit dieser wird der andere Ehegatte, d.h. der Berufungs- oder allgemein der Rechtsmittelbeklagte, aufgefordert, eine Erklärung darüber abzugeben, ob er die Zustimmung zur Scheidung widerrufe. Bei diesem Widerrufsrecht handelt es sich um ein Gestaltungsrecht. Übt er dieses nicht aus, so geht das Rechtsmittelverfahren über die angefochtenen ursprünglich einvernehmlich geregelten Scheidungsfolgen weiter. Widerruft aber der andere Ehegatte die Zustimmung zum Scheidungs- oder Trennungspunkt, so hat die Rechtsmittelinstanz das ganze erstinstanzliche Scheidungsurteil aufzuheben. Es ist dann Sache des kantonalen Prozessrechts zu bestimmen, ob eine Rückweisung an die erste Instanz erfolgen oder ob die Rechtsmittelinstanz das Verfahren weiterführen soll. Das kantonale Prozessrecht kann die Frage auch dem Ermessen der Rechtsmittelinstanz anheimstellen (so letzteres § 270 ZPO/ZH). Es ist dann aber jedenfalls nach Art. 113 ZGB vorzugehen, d.h. es ist jedem der Ehegatten Frist zur Klage anzusetzen. Das Verfahren ist erst erledigt, wenn keine der Parteien hiervon Gebrauch macht.

Das System von Art. 149 Abs. 2 ZGB hat den Vorteil, dass ein Rechtsmittelbeklagter die Zustimmung zur Scheidung bzw. Trennung widerrufen kann, ohne eine Anschlussberufung erheben zu müssen. Es bestehen aber durchaus Parallelen mit dieser. Wird das Rechtsmittel, mit dem die einverständlich geregelten Scheidungsfolgen angefochten werden, zurückgezogen, so fällt auch das Recht auf Widerruf der Scheidung bzw. Trennung dahin.

Etwas stossend an der Regelung ist, dass ein Täuschender, wegen dessen Verhaltens der andere Ehegatte die Scheidungsvereinbarung mit einem ordentlichen Rechtsmittel anficht, die Scheidung bzw. Trennung widerrufen kann. Aufgrund des Wortlautes von Art. 149 Abs. 2 ZGB steht dem aber nichts entgegen. Nicht generell, jedoch in krassen Fällen, ist der Widerruf der Scheidung bzw. Trennung wegen Rechtsmissbrauchs zu verweigern. Allerdings steht einem solchen Vorgehen der Grundsatz in favorem matrimonii entgegen.

Es stellt sich ferner die Frage der Anwendbarkeit von Art. 149 Abs. 2 ZGB bei einer Berufung ans Bundesgericht. Wie dargelegt ist diese bei Aussprechung oder Verweigerung der Scheidung auf gemeinsames Begehren zulässig (vgl. Art. 44 lit. b^{bis} OG). Es ist durchaus möglich, dass bei einer derartigen Berufung ans Bundesgericht erst dieses zum Schluss kommt, es lägen Willensmängel oder eine Verletzung bundesrechtlicher Verfahrensvorschriften gemäss Art. 149 Abs. 1 ZGB vor. Das Bundesgericht hat dann die Berufung in einem Zwischenentscheid teilweise oder vollumfänglich gutzuheissen und der berufungsbeklagten Partei Frist anzusetzen, ob sie ihre Zustimmung zur Scheidung auf gemeinsames Begehren hin widerrufe oder nicht. Im ersten Fall bedarf der von der kantonalen Instanz festgestellte Tatbestand regelmässig der Vervollständigung, weshalb dann das Bundesgericht das angefochtene Urteil aufzuheben hat und zur Ergänzung und neuen Entscheidung an die kantonale Instanz zurückweisen muss; die Rechtsgrundlage hierfür findet sich in Art. 64 OG.

§ 10 Rechtsmittel für Kinder

1. Kind mit Parteistellung

Wird im Scheidungs- oder Trennungsprozess seiner Eltern dem Kind ein Beistand als Vertreter bestellt (Art. 146 f. ZGB), so hat es Parteistellung. Vertreter sein kann logischerweise nur, wenn der Vertretene Parteistellung hat. Der Kindsvertreter ist deshalb konsequenterweise nach Art. 147 Abs. 2 ZGB befugt, Rechtsmittel einzulegen. Gemeint sind alle Rechtsmittel, die das kantonale Recht und das Bundesrecht zur Verfügung stellen und die auch den Ehegatten selbst zustehen. Das Rechtsmittelrecht kann sich gemäss der erwähnten Bestimmung aber nur beziehen auf die elterliche Sorge, grundlegende Fragen des persönlichen Verkehrs und Kindesschutzmassnahmen. Dazu muss es möglich sein, dass der Vertreter auch eine Verletzung des Rechts des Kindes auf Anhörung gemäss Art. 144 ZGB rügen kann. Im Kanton Zürich kann er dies ohne Vorliegen eines gerichtlichen Aktes direkt gestützt auf § 108 GVG mit Beschwerde rügen.

2. Kind ohne Parteistellung

Wird das Kind lediglich i.S.v. Art. 144 ZGB angehört oder unterbleibt die Anhörung, so hat es im Scheidungs- bzw. Trennungsprozess seiner Eltern keine Parteistellung. Damit hat es von Bundesrechts wegen auch kein Recht auf ein Rechtsmittel. Auch die Vormundschaftsbeschwerde gemäss Art. 420 ZGB ist mangels Voraussetzungen nicht gegeben[110].

3. Nichtgewährung der Parteistellung

Nach Art. 146 Abs. 3 ZGB hat ein urteilsfähiges Kind das Recht, einen Antrag auf Vertretung im Prozess seiner Eltern zu stellen. Wird dieser Antrag abgewiesen, so muss sinngemäss diesem Kind von Bundesrechts wegen ein Rechtsmittel zustehen. Es ist Sache des kantonalen Rechts, ein solches zu gewähren[111]. Im Kanton Zürich ist eine Beschwerde wegen Rechtsverweigerung gemäss § 108 GVG möglich.

---

[110] A.M. BJ Hinweise, 8.
[111] Vgl. auch BJ Hinweise, 9.

II. Teil
Spezialprobleme

III. Teil
Spezialprobleme

§ 11 Wechsel zur Scheidung auf Klage

1. Allgemeines

Die Bestimmung von Art. 113 ZGB regelt den Fall, in welchem die Parteien ein gemeinsames Scheidungsbegehren eingereicht haben, im Verlauf des Verfahrens es sich aber zeigt, dass die Voraussetzungen hierfür nicht erfüllt sind. Das Gericht, bei dem die Scheidung auf gemeinsames Begehren hängig ist, hat in diesem Fall jedem Ehegatten eine Frist zur Scheidungsklage anzusetzen. Die Ehegatten können für den Fall, dass ihrem gemeinsamen Scheidungsbegehren nicht entsprochen wird, auf eine Fristansetzung verzichten. Dies ist Ausfluss der Dispositionsmaxime, ist doch niemand verpflichtet, eine eigentliche Scheidungsklage einzuleiten, sofern man mit einem gemeinsamen Scheidungsbegehren nicht zum Erfolg gelangt.

2. Fehlen der Voraussetzungen für die Scheidung auf gemeinsames Begehren

Es können insbesondere folgende Voraussetzungen von Art. 111 ZGB fehlen: Widerruf des Scheidungsbegehrens oder der Scheidungsvereinbarung durch einen oder beide Ehegatten vor der Ausfällung des Scheidungsurteils (nicht nur vor der zweiten Anhörung, wie die Botschaft, S. 90, falsch und grundlos ausführt), Fehlen eines freien Willens, Fehlen reiflicher Überlegung, Fehlen anderer Genehmigungsvoraussetzungen. Das Gericht hat dann ein Sachurteil über das gemeinsame Scheidungsbegehren der Ehegatten zu fällen. In der Regel dürfte das Dispositiv auf Abweisung des gemeinsamen Scheidungsbegehrens gemäss Art. 111 ZGB lauten. Dieses Urteil ist mit einer Fristansetzung gemäss Art. 113 ZGB zu versehen. Es ist mit den zur Verfügung stehenden kantonalen Rechtsmitteln anzufechten. Art. 149 ZGB ist nicht anwendbar. Diese bundesrechtliche Rechtsmittelbestimmung gilt nur für den Fall der Auflösung der Ehe.

3. Fristansetzung

Die Ansetzung der Frist hat zu erfolgen, damit das gemeinsame Scheidungsbegehren durch eine Klage ersetzt werden kann. Die Klage kann von einem oder beiden Ehegatten eingereicht werden. In letzterem Fall haben wir zwei Hauptklagen auf Scheidung. Diese müssen innert Frist eingereicht werden. Eine spätere Einreichung einer Widerklage derjenigen Partei, die nicht innert Frist geklagt hat, bleibt vorbehalten. Die innert Frist einzureichende Klage muss entweder auf Scheidung nach mindestens vierjähriger Trennungszeit (Art. 114 ZGB) oder auf Scheidung wegen Unzumutbarkeit der Fortsetzung der Ehe aus schwerwiegenden Gründen (Art. 115 ZGB) gehen.

Die Frist zur Ersetzung des Scheidungsbegehrens durch eine Klage ist eine richterliche Frist. Sie wurde vom Gesetzgeber bewusst nicht als gesetzliche Frist ausgestaltet. Als richterliche Frist besteht der Vorteil, dass sie den Umständen des Einzelfalles angepasst und nötigenfalls verlängert werden kann[112]. Die Frist muss sich gleichzeitig an beide Ehegatten richten und gleich lang angesetzt werden, ansonsten ein Verstoss gegen das Gleichheitsprinzip vorliegt. Dieser Grundsatz ist auch bei allfälligen Fristerstreckungen zu beachten. Für die Bemessung der Fristen und für Fristerstreckungen ist im übrigen das kantonale Prozessrecht massgebend. Die Fristen von Art. 113 ZGB sollten von den Gerichten eher grosszügig bemessen werden; nicht verlängert werden darf aber die Frist, um den Ablauf der vierjährigen Trennungsfrist von Art. 114 ZGB zu erreichen. Ihre Festlegung und Bemessung kann mit dem allenfalls zur Verfügung stehenden kantonalen Rechtsmittel angefochten werden (Nichtigkeitsbeschwerde, Aufsichtsbeschwerde; in Zürich dürfte allenfalls auch eine Einsprache gemäss § 122 Abs. 4 GVG in Frage kommen).

4. Unbenützter Fristablauf

Läuft die Frist von Art. 113 ZGB unbenutzt ab, weil keiner der beiden Ehegatten das ursprüngliche gemeinsame Scheidungsbegehren durch eine Scheidungsklage ersetzt, so stellt sich die Frage der Prozesserledigung. Das Bundesamt für Justiz[113] findet, in solchen Fällen sei ein Sachurteil zu fällen. Diese Auffassung ist zu wenig differenziert und deshalb offensichtlich unrichtig. Darüber, dass die Voraussetzungen für eine Scheidung auf gemeinsames Begehren nicht erfüllt sind, ist schon in einem früheren Zeitpunkt, nämlich vor der Fristansetzung zur Scheidungsklage, entschieden worden. Dabei handelt es sich um ein Sachurteil, in welchem festgestellt wird, es fehle an den Voraussetzungen von Art. 111 ZGB; gleichzeitig wird Frist zur Klage angesetzt, um die Rechtshängigkeit aufrecht erhalten zu können. Die Frist beginnt erst ab Rechtskraft dieses Urteils zu laufen. Wird in der Folge auf die Fristansetzung von Art. 113 ZGB hin keine Klage angehoben, so ist das Verfahren gemäss Art. 113 ZGB als gegenstandslos ab-

---

[112] Botschaft, 90.
[113] BJ Hinweise, 6.

zuschreiben. Da mit Bezug auf die Scheidungsklage keine Anspruchsprüfung erfolgt, liegt auch kein Sachurteil vor.

5. Kosten- und Entschädigungsregelung

Die Kosten- und Entschädigungsregelung ist dem kantonalen Prozessrecht vorbehalten. Mit der Kosten- und Entschädigungsregelung kann zweckmässigerweise bis zur Abschreibung des Verfahrens gemäss Art. 113 ZGB zugewartet werden. Eine andere Möglichkeit besteht darin, zwei Kosten- und Entschädigungsentscheide zu treffen, den einen mit dem Sachurteil über das Fehlen der Voraussetzungen für eine Scheidung auf gemeinsames Begehren, den andern mit der Abschreibung des Verfahrens gemäss Art. 113 ZGB zufolge Gegenstandslosigkeit.

6. Verfahrensrechtliche Fragen

Aufgrund der Materialien[114] ist für die sich stellenden verfahrensrechtlichen Fragen vom Grundsatz der Prozessökonomie auszugehen. Trotz Scheiterns der Scheidung auf gemeinsames Begehren bleiben Rechtshängigkeit und Zuständigkeit auch für das nachfolgende Klageverfahren bestehen. Letzteres ist besonders wichtig für den Fall eines Wohnsitzwechsels. Ein solcher ist ohne Bedeutung. Wird nachträglich trotzdem noch eine Vereinbarung erzielt, bleibt die sachliche Zuständigkeit bestehen. Da die Rechtshängigkeit durch den Wechsel gemäss Art. 113 ZGB von der Scheidung auf gemeinsames Begehren zur Scheidung auf Klage nicht unterbrochen wird, sondern weiterdauert, bleiben auch schon während des Verfahrens nach Art. 111 ZGB angeordnete vorsorgliche Massnahmen bestehen[115]. Sie können selbstverständlich im Klageverfahren neu und vollständig selbständig getroffen werden.

Im Gegensatz zur Scheidung auf Klage ist beim gemeinsamen Scheidungsbegehren kein vorangehendes Sühneverfahren nötig (Art. 136 Abs. 1 ZGB). Es fragt sich nun, ob dieses beim Scheitern des Verfahrens nach Art. 111 ZGB und Anwendung von Art. 113 ZGB nachgeholt werden muss. Da eine Scheidungsvereinbarung im Sinne von Art. 111 ZGB in diesen Fällen unmittelbar zuvor gescheitert ist, würde ein Sühneverfahren wenig Sinn machen. Auf dieses ist deshalb zu verzichten. Offen bleibt die Frage, ob die Kantone ein solches trotzdem vorsehen dürfen; ein entgegenstehender Grund ist nicht ersichtlich.

---

[114] Botschaft, 90.
[115] Botschaft, 90.

Bei einem Wechsel vom erfolglosen gemeinsamen Scheidungsbegehren zur Scheidungsklage stellt sich die Frage, ob ein Richter, der im erstern Fall mitgewirkt hat, dies auch im Klageverfahren tun darf. Es handelt sich hier um das vom Bundesgesetzgeber im Zusammenhang mit Art. 113 ZGB leider nicht geregelte verfassungsrechtliche Problem der unerlaubten Vorbefassung. Im Kanton Zürich wurde bis anhin eine Vorbefassung gesetzlich ausdrücklich verneint, wenn ein Scheidungsverfahren vom Einzelrichter auf das Kollegialgericht hinüberwechselte, weil z.B. keine Vereinbarung über die finanziellen Nebenfolgen geschlossen werden konnte (§ 31a Abs. 2 Satz 2 GVG). Das Bundesgericht hat auch eine Personalunion zwischen Eheschutz- und Scheidungsrichter als zulässig erklärt[116]. Beim Wechsel vom gemeinsamen Scheidungsbegehren zur Scheidungsklage gemäss Art. 113 ZGB dürfte aber in vielen Fällen entgegen den beiden dargelegten Beispielen eine unzulässige Vorbefassung vorliegen, d.h. ein Richter, der am erstern Verfahren teilgenommen hat, darf bei der Scheidungsklage nicht mehr mitwirken. Entscheidend ist, ob in den verschiedenen Verfahren bzw. Verfahrensabschnitten eine ähnliche oder qualitativ gleiche Frage geprüft worden ist[117]. Es kommt dabei darauf an, ob ein Anschein der Vorbefassung erweckt wird[118]. Scheitert eine Scheidung auf gemeinsames Begehren etwa daran, dass das Gericht den gemeinsamen Anträgen über die Kinderbelange oder den nachehelichen Unterhalt nicht folgen konnte, so ist darüber im Rahmen einer Klage nach Art. 114 und 115 ZGB zu entscheiden. Der Richter hat mithin die gleiche oder doch eine sehr ähnliche Frage erneut zu prüfen. Er ist qualifiziert vorbefasst und kann nicht mehr mitwirken. Die Frage der unzulässigen Vorbefassung im Verhältnis zwischen dem gemeinsamen Scheidungsbegehren gemäss Art. 111 ZGB und der Scheidungsklage gemäss Art. 114 und 115 ZGB kann nicht allgemein, sondern, wie skizziert, nur im konkreten Einzelfall entschieden werden. Im Zweifel dürfte Vorbefassung zu bejahen sein.

7. Materiellrechtliche Wirkungen

Der Wechsel vom gemeinsamen Scheidungsbegehren zur Klage eines Ehegatten gemäss Art. 114 ZGB hat auch materiellrechtliche Wirkungen. Diese betreffen die Scheidung nach mindestens vierjähriger Trennungszeit gemäss Art. 114 ZGB sowie die Auflösung des Güterstandes.

Gemäss Art. 114 ZGB muss die Trennung mindestens vier Jahre gedauert haben. Massgeblich ist entweder die Rechtshängigkeit der Klage oder der

---

[116] BGE 114 Ia 57.
[117] BGE 117 Ia 160; 120 Ia 187.
[118] Spühler, N 618 f. mit Hinweisen.

Wechsel vom gemeinsamen Scheidungsbegehren zur Scheidung auf Klage. Es stellt sich nun die Frage, wann letzterer erfolgt. Wenn die Botschaft (S. 90) einfach vom «Zeitpunkt des Verfahrenswechsels» spricht, so ist dies wenig genau. Es ist zur Lösung dieses Problems davon auszugehen, dass nach misslungener Scheidung auf gemeinsames Begehren und richterlicher Fristansetzung gemäss Art. 113 ZGB die Ehegatten nicht verpflichtet sind, eine eigentliche Scheidungsklage gestützt auf Art. 114 oder Art. 115 ZGB einzureichen. Anzuknüpfen ist allein an den bundesrechtlichen Begriff der Klageanhebung gemäss Art. 136 Abs. 2 ZGB. Massgeblich für die Bestimmung der vierjährigen Rückwärtsfrist ist deshalb der Zeitpunkt, in dem die Klage auf richterliche Fristansetzung beim Gericht eingeht; dabei ist davon auszugehen, dass in diesem Fall von Bundesrechts wegen kein Sühnverfahren erforderlich ist.

Es erhebt sich sodann die Frage, in welchem Zeitpunkt die Auflösung des Güterstandes erfolgt, falls zuerst ein gemeinsames Scheidungsbegehren nach Art. 111 ZGB eingereicht wurde, welches in der Folge nicht zum Erfolg führte und deshalb Frist zur Einreichung einer eigentlichen Scheidungsklage i.S.v. Art. 113 ZGB angesetzt wurde. Auszugehen ist von Art. 204 Abs. 2 ZGB für die Errungenschaftsbeteiligung und von Art. 236 Abs. 2 ZGB für die Gütergemeinschaft. Darnach wird u.a. bei Scheidung bzw. Trennung die Auflösung des Güterstandes auf den Tag zurückbezogen, an dem das Begehren eingereicht worden ist. Da die Rechtshängigkeit vom Moment der Einreichung des gemeinsamen Scheidungsbegehrens beim Gericht an besteht, sie in der Folge auch im Falle von Art. 113 ZGB nicht unterbrochen wird, erfolgt die Auflösung des Güterstandes im Scheidungsfall rückbezüglich auf den genannten Zeitpunkt hin. Die Botschaft (S. 90) anerkennt diese Lösung nur unter der Bedingung als richtig, dass damals, d.h. bei Einreichung des gemeinsamen Scheidungsbegehrens, ein Scheidungsgrund nach Art. 114 ZGB (Getrenntleben) oder Art. 115 ZGB (Unzumutbarkeit) vorlag. Diese Auffassung ist offensichtlich unrichtig, widerspricht sie doch grundlegendem schweizerischem Prozessdenken. Ein Urteil hat der Rechtslage zu entsprechen, wie sie im Zeitpunkt der Urteilsfällung besteht. Massgeblich ist auch allein der in diesem Zeitpunkt bestehende Sachverhalt[119]. Ist die Klage gutzuheissen, erfolgt die Auflösung des Güterstandes somit rückwirkend auf den Moment der Einreichung des gemeinsamen Scheidungsbegehrens und zwar ohne jegliche weitere Voraussetzung. Jede andere Lösung hat im schweizerischen Prozessrechtssystem kein Platz.

---

[119] Vogel, 7. Kap. N 102; Walder, § 19 N 15.

§ 12 Unterhaltsbeiträge

1. Inhalt von Urteil und Vereinbarung bei Unterhaltsbeiträgen

Die neue Bestimmung von Art. 143 ZGB enthält einige Punkte, die obligatorischerweise Gegenstand des Urteils oder der Scheidungsvereinbarung sein müssen. Sinngemäss bezieht sich die Vorschrift nicht nur auf die Scheidung, sondern auch auf Trennung, Abänderung und Ergänzung. Art. 143 ZGB umfasst alle Unterhaltsbeiträge, d.h. den Ehegattenunterhalt (Art. 125 ff. ZGB) und den Kinderunterhalt (Art. 133 ZGB). Bei Vereinbarungen ist die Beachtung von Art. 143 ZGB Genehmigungsvoraussetzung. Die Bestimmung verwirklicht, was bis anhin im Hinblick auf erstmalige oder fortgesetzte Abänderungsklagen ein nicht beachteter Wunsch der Lehre war[120]. Sie dient der Beweissicherung für den Abänderungsprozess und damit der Streitvermeidung[121]. Es wird verhindert, dass im Abänderungsprozess Umstände festgestellt werden müssen, die eigentlich schon Gegenstand des Scheidungsprozesses gewesen sind.

2. Angabe von Einkommen und Vermögen beider Ehegatten

Im Urteil bzw. in einer Scheidungsvereinbarung muss gemäss Art. 143 Ziff. 1 ZGB angegeben werden, auf welchen Einkommens- und Vermögensverhältnissen beider Ehegatten der nacheheliche Unterhalt und der Kinderunterhalt beruht. Damit kann später besser beurteilt werden, ob die Voraussetzungen für eine Aufhebung, Herabsetzung oder Einstellung der Rente gestützt auf Art. 129 Abs. 1 ZGB vorliegen. Gleiches gilt für eine Änderung des Kinderunterhaltes (Art. 134 Abs. 2 ZGB).

Im Fall einer Scheidungsvereinbarung bei einer Scheidung auf gemeinsames Begehren sind die erwähnten Angaben von besonderer Bedeutung, wenn die Vereinbarung wegen Willensmängeln angefochten wird (Art. 149 Abs. 2 ZGB). Es lässt sich nämlich dann leichter feststellen, ob mit Bezug auf die Einkommens- und Vermögensverhältnisse eines Ehegatten eine Täuschung des andern vorliegt[122]. Ähnliches dürfte auch bei Anfechtung

---

[120] Vgl. Bühler/Spühler, N 88 zu Art. 151 ZGB.
[121] Botschaft, 142.
[122] Botschaft, 142.

einer Scheidungsvereinbarung wegen anderen Willensmängeln, insbesondere wegen Übervorteilung gemäss Art. 21 OR, der Fall sein.

3. Unterscheidung zwischen nachehelichem und Kinderunterhalt

Das strenge Auseinanderhalten von Ehegattenrenten und Kinderunterhaltsbeiträgen wurde schon bisher durch Lehre und Praxis gefordert[123]. Mangels gesetzlicher Verankerung wurde diese Forderung häufig nicht eingehalten. Da für die beiden Anspruchsarten unterschiedliche Abänderungs- und Beendigungsgründe (vgl. insbesondere Art. 129 und 134 ZGB) vorgesehen sind, ist ein klares Auseinanderhalten im Urteils- und im Vereinbarungsfall unerlässlich[124].

4. Fehlender Betrag zur Unterhaltsdeckung

Art. 143 Ziff. 3 ZGB regelt den Spezialfall der Abänderung des ehelichen Unterhalts gemäss Art. 129 Abs. 3 ZGB. Wird im Scheidungsurteil im Zusammenhang mit dem ehelichen Unterhalt die Erhöhung oder die Festsetzung einer Rente überhaupt vorgesehen, so kann dies sinngemäss nur erfolgen, wenn Gewissheit darüber besteht, welcher Betrag zur Deckung des gebührenden Unterhalts des berechtigten Ehegatten im Scheidungszeitpunkt fehlte.

5. Lebenskostenindexierung

Gemäss Art. 143 Ziff. 4 ZGB ist in einer Scheidungsvereinbarung bzw. in einem Scheidungsurteil festzuhalten, ob und in welchem Ausmass die Rente sich den Veränderungen des Lebenskostenindexes anpasst. Unter Rente ist sowohl diejenige aus dem nachehelichen Unterhalt gemäss Art. 127 ff. ZGB als auch diejenige des Kindesunterhaltes gemäss Art. 133 ZGB zu verstehen. Das Erfordernis von Art. 143 Ziff. 4 ZGB hilft insbesondere, den Vollzug von Art. 128 ZGB reibungslos zu sichern, d.h. eine automatische Rentenanpassung an die Teuerung möglichst ohne neuen Prozess vorzunehmen.

---

[123] Spühler/Frei-Maurer, N 88 zu Art. 151 ZGB.
[124] Botschaft, 142.

§ 13 Berufliche Vorsorge und Scheidungsverfahren

1. Stellung der beruflichen Vorsorge im Scheidungsprozess

Im Scheidungsprozess sind die güterrechtlichen Verhältnisse (Art. 120 Abs. 1 ZGB), der nacheheliche Unterhalt (Art. 125 ff. ZGB) und neu auch die Ansprüche aus der beruflichen Vorsorge (Art. 122–124 ZGB) zu regeln. Bisher wurden diese Ansprüche regelmässig nur im Rahmen von Art. 151 ZGB in Betracht gezogen. Die Besonderheit liegt nun darin, dass im Scheidungsprozess bei der beruflichen Vorsorge nicht nur Rechte und Pflichten der Ehegatten untereinander geregelt werden. Es geht vielmehr auch um Ansprüche der Ehegatten gegen ihre Pensionskassen. Die Schwierigkeiten werden noch erhöht, wenn ein Ehegatte mehreren Einrichtungen der beruflichen Vorsorge angehört[125]. Die zu lösenden Probleme ergeben sich auch daraus, dass den Vorsorgeeinrichtungen im Scheidungsverfahren keine Parteistellung zukommt. Parteistellung haben die BVG-Einrichtungen hingegen bei Uneinigkeit i.S.v. Art. 142 ZGB (vgl. Art. 25 Abs. 2 FZG).

Für die Beurteilung der Ansprüche von Scheidungsparteien gegenüber den Einrichtungen der beruflichen Vorsorge ist zudem nicht das Scheidungsgericht zuständig. Die Zuständigkeit hierfür liegt vielmehr beim BVG-Gericht am Scheidungsort (Art. 25a Abs. 1 FZG); im Kanton Zürich ist dies das kantonale Sozialversicherungsgericht[126].

2. Einigung der Ehegatten

Eine Scheidungsvereinbarung ist nur vollständig und damit i.S.v. Art. 140 Abs. 2 ZGB genehmigungsfähig, wenn sich die Ehegatten auch über die Teilung der Austrittsleistungen bei der beruflichen Vorsorge geeinigt haben. Dabei müssen hierfür die besonderen Voraussetzungen von Art. 141 Abs. 1 ZGB erfüllt sein. Auch ein allfälliger ein- oder zweiseitiger Verzicht auf BVG-Leistungen i.S.v. Art. 141 Abs. 3 ZGB bzw. Art. 123 Abs. 1 ZGB muss in der Scheidungsvereinbarung enthalten sein. Erfolgt kein Verzicht muss eine Scheidungsvereinbarung bezüglich der beruflichen Vorsorge zwei Teile enthalten:

---

[125] Botschaft, 111.
[126] Zünd, § 2 N 5.

a) Teilung der Austrittsleistungen. Es kann ein fester Betrag oder ein bestimmter Prozentsatz der bei den verschiedenen Vorsorgeeinrichtungen während der Ehe erworbenen Guthaben festgesetzt werden.

b) Art der Durchführung der vereinbarten Regelung unter Belegung der Durchführbarkeit und der Höhe der für die Teilung massgeblichen Austrittsleistungen. Der letztere Punkt bildet für das Scheidungsgericht vor allem Grundlage für die Prüfung der Angemessenheit.

Die Einhaltung dieser Punkte bildet Voraussetzung der Genehmigung der Scheidungsvereinbarung und damit auch deren Verbindlichkeit. Es ist auch möglich, dass nur eine Teilvereinbarung über die Ansprüche aus der beruflichen Vorsorge getroffen wird. Das besondere der Genehmigung einer Scheidungsvereinbarung mit Bezug auf die Ansprüche aus beruflicher Vorsorge ist nun, dass die Vereinbarung von Gesetzes wegen auch für die betreffende Einrichtung der beruflichen Vorsorge und nicht nur für die Parteien des eigentlichen Scheidungsprozesses verbindlich ist. Es liegt somit auch gegenüber den BVG-Institutionen mit der Genehmigung der Scheidungsvereinbarung diesbezüglich ein definitiver Rechtsöffnungstitel gemäss Art. 80 SchKG vor. Aus diesem Grund ist das Urteilsdispositiv insofern auch den Vorsorgeeinrichtungen formell zu eröffnen. Es ist Sache des kantonalen Prozessgesetzgebers, den Sozialversicherungseinrichtungen ein Rechtsmittel zu eröffnen.

Bei der Prüfung der Angemessenheit der Vereinbarung über die beruflichen Vorsorgeleistungen durch das Scheidungsgericht darf nicht mit einem zu strengen Massstab gemessen werden. Die Vereinbarung darf nur «nicht offensichtlich unangemessen» sein (vgl. Art. 140 Abs. 2 a.E. ZGB). Die Beurteilung darf auch nicht allein unter den engen BVG-Gesichtspunkten der Art. 122–124 ZGB erfolgen. Es ist vielmehr durch das Scheidungsgericht eine Gesamtbeurteilung vorzunehmen. In diese sind, wie sich z.B. aus Art. 123 Abs. 2 ZGB ergibt, auch die Ergebnisse der güterrechtlichen Auseinandersetzung und der wirtschaftlichen Verhältnisse nach der Scheidung miteinzubeziehen; vor allem ist der nacheheliche Unterhalt bzw. dessen Regelung zu berücksichtigen. Daraus ergibt sich auch, dass im Vereinbarungsfall keineswegs eine hälftige oder ungefähr hälftige Teilung vorgenommen werden muss[127]. Bei einem gänzlichen (und a maiore ad minus) auch bei einem teilweisen Verzicht auf den BVG-Anspruch hat das Gericht bei der Genehmigung der Vereinbarung auch zu prüfen, ob eine entsprechende Alters- oder Invalidenfürsorge auf andere Weise gewährleistet ist

---

[127] Botschaft, 111.

(Art. 141 Abs. 3 ZGB), z.B. aufgrund einer privaten Versicherung oder aufgrund der Erträgnisse aus einem entsprechend grossen Vermögen. Dies gilt konsequenterweise auch dann, wenn Gegenstand einer Scheidungsvereinbarung eine angemessene Entschädigung bildet, die ihre Grundlage in Art. 124 Abs. 1 ZGB hat (Vorsorgefall ist bereits eingetreten oder aus anderen Gründen können die beruflichen Vorsorgeentschädigungen nicht geteilt werden).

Zu weiteren Fragen im Zusammenhang mit Scheidungsvereinbarungen über BVG-Ansprüche vgl. die allgemeinen Ausführungen über die Genehmigung von Scheidungsvereinbarungen § 6 Ziff. 10.

3. Keine Einigung der Ehegatten

Erfolgt keine Einigung der Ehegatten über die Leistungen der beruflichen Vorsorge gemäss den Art. 122–124 ZGB, hat das Scheidungsgericht nach Art. 142 ZGB vorzugehen. Zusammen mit dem eigentlichen Scheidungsurteil ist ein Entscheid im Sinne der Art. 122 und 124 ZGB zu fällen. Dieser hat sich über das Teilungsverhältnis oder über eine ersatzweise Entschädigung gemäss Art. 124 ZGB auszusprechen. Nur im letzteren Falle ist eine betragsmässige Verpflichtung im Scheidungsurteil nötig. Sonst genügt ein Entscheid über das Teilungsverhältnis. Dieser ist nach Rechtskraft dem nach Art. 25a Abs. 1 FZG zuständigen Gericht mitzuteilen. Dies ergibt sich aus Art. 142 Abs. 2 ZGB, wobei für die weiteren vom Scheidungsgericht dem Sozialversicherungsgericht mitzuteilenden Angaben auf Art. 142 Abs. 3 Ziff. 2–4 ZGB zu verweisen ist. Die örtliche Zuständigkeit des betreffenden BVG-Gerichtes bestimmt sich nach dem Ort der Scheidung. Für die sachliche Zuständigkeit ist Art. 73 Abs. 1 BVG massgeblich, wobei es sich in der Regel um das kantonale Sozialversicherungsgericht handelt. Das zuständige BVG-Gericht i.S.v. Art. 73 BVG hat den Prozess von Amtes wegen durchzuführen; dies ergibt sich aus Art. 25a Abs. 1 FZG. Das Gericht nach Art. 73 BVG hat den Parteien eine angemessene Frist zu setzen, um Anträge stellen zu können (Art. 25a Abs. 2 Satz 2 FZG). Da das Verfahren von der Offizialmaxime beherrscht wird, hat das Gericht aufgrund der Akten zu entscheiden, sofern die Parteien keine Anträge stellen[128].

Es gibt Fälle, in denen die Höhe des nachehelichen Unterhaltsbeitrages von den BVG-Ansprüchen abhängig ist. Dies ergibt sich vor allem aus Art. 125 Abs. 2 Ziff. 8 ZGB. In solchen Fällen wird sich eine Sistierung des Scheidungsurteils bis zum rechtskräftigen Entscheids des zuständigen Sozialversicherungsgerichtes aufdrängen (vgl. § 14); es liegt hier somit eine umge-

---

[128] Botschaft, 112.

kehrte als die gesetzlich Abfolge vor. Eine andere Lösung würde darin liegen, den Unterhaltsbeitrag von Bedingungen abhängig zu machen, welche die gesetzliche Grundlage in Art. 126 Abs. 3 ZGB haben. Eine Bedingung kann dabei inhaltlich beispielsweise dahin gehen, dass der Unterhaltsbeitrag mit den BVG-Ansprüchen gemäss Art. 125 Abs. 2 Ziff. 8 ZGB gekoppelt wird. Mit dem Rechtsmittel gegen den Entscheid des BVG-Gerichtes müssen dann aber auch noch die Unterhaltsansprüche gemäss Art. 125 ZGB angefochten werden können. Der entsprechende Teil des Scheidungsurteils, d.h. ein bedingter Unterhaltsbeitrag, bleibt bis dahin in der Schwebe, und es liegt diesbezüglich demnach auch kein Rechtsöffnungstitel vor.

Bei Anwendung von Art. 142 ZGB, d.h. bei Uneinigkeit der Parteien über die beruflichen Vorsorgeleistungen, richtet sich das Verfahren vor dem Sozialversicherungsgericht grundsätzlich nach Art. 25a Abs. 2 FZG. Die beiden Ehegatten und die beiden oder mehreren BVG-Einrichtungen haben in diesem Verfahren Parteistellung und ein entsprechendes Antragsrecht. Es handelt sich somit zumindest um ein Vierparteienverfahren. Dieses ist notgedrungen schwerfällig und keine Perle der neuen Gesetzgebung. Die Weiterzugsmöglichkeit richtet sich nach Art. 73 Abs. 4 BVG; es dürfte regelmässig die Verwaltungsgerichtsbeschwerde ans eidgenössische Versicherungsgericht in Luzern gegeben sein.

Im Gesetz sind diejenigen Fälle nicht ausdrücklich geordnet, bei denen sich die beiden Ehegatten zwar über die Teilung der Austrittsleistungen geeinigt haben, jedoch Uneinigkeit zwischen einem oder beiden von ihnen mit einer oder beiden bzw. den mehreren BVG-Einrichtungen über die Höhe der Guthaben oder über die Durchführbarkeit der getroffenen Regelung gemäss Art. 141 Abs. 1 ZGB besteht. In solchen Fällen ist Art. 142 ZGB analog anzuwenden und die Sache ist vom Scheidungsgericht dem zuständigen BVG-Gericht zu überweisen.

II. Teil: Spezialprobleme

§ 14 Neue Probleme im Zusammenhang mit der Einheit des Scheidungsurteils

Mit der Scheidung der Ehe oder der Trennung derselben müssen notwendigerweise die damit verbundenen persönlichen und ökonomischen Beziehungen des neuen Status geordnet werden, soweit sich die Änderungen nicht unmittelbar aus dem Gesetz ergeben. Hierfür gilt nach Systematik und Wortlaut des Gesetzes und kraft des Sachzusammenhangs von Bundesrechts wegen der Grundsatz der notwendigen Einheit des Urteils[129]. Dieser Grundsatz gilt auch im neuen Scheidungsrecht, jedoch etwas abgeschwächt. Dies vor allem wegen der BVG-Leistungen und der diesbezüglichen Zuständigkeit des BVG-Gerichtes gemäss Art. 25a FZG. Eine Ausnahme hat das Bundesgericht bisher einzig für die güterrechtliche Auseinandersetzung zugelassen; diese kann in ein separates Verfahren verwiesen werden, wenn die Regelung der übrigen Nebenfolgen nicht von deren Ergebnis abhängig ist[130]. Daran hat das neue Scheidungsrecht nichts geändert.

Eine Schwierigkeit ergibt sich unter dem neuen Scheidungsrecht dadurch, dass beim Entscheid über die Zusprechung und gegebenenfalls die Höhe des nachehelichen Unterhalts u.a. auch das voraussichtliche Ergebnis der Teilung der Austrittsleistungen zu berücksichtigen ist (Art. 125 Abs. 2 Ziff. 8 ZGB). Hierüber hat aber gemäss dem neuen Scheidungsrecht nicht das Scheidungsgericht, sondern das BVG-Gericht (im Kanton Zürich das Sozialversicherungsgericht) zu entscheiden; dies ergibt sich aus Art. 25a Abs. 1 FZG in Verbindung mit Art. 142 ZGB. Lässt sich vor allem in komplizierten Fällen, d.h. wenn beispielsweise mehrere beteiligte Vorsorgeeinrichtungen vorhanden sind, das voraussichtliche Ergebnis der Teilung der Austrittsleistungen im Scheidungsprozess nicht bestimmen, so bleibt nichts anderes übrig, als ausnahmsweise das Scheidungsverfahren zu sistieren, einen Vorentscheid über das Teilungsverhältnis zu fällen (im Kanton Zürich nach § 189 ZPO) und diesen an das zuständige BVG-Gericht zum Entscheid über die Austrittsleistungen zu überweisen. Hernach kann im Rahmen eines einheitlichen Scheidungsurteils auch über den nachehelichen Unterhalt auf sicherer Grundlage entschieden werden, da dannzumal die BVG-Leistungen feststehen.

Ein Sonderproblem im Zusammenhang mit dem Grundsatz der Einheit des Scheidungsurteils bildet die Frage, ob die Übertragung der Regelung der vermögensrechtlichen Ansprüche zwischen dem Ehegatten, die ihrer freien

---

[129] Bühler/Spühler, N 58 zu den Vorbemerkungen zu Art. 149–157 ZGB.
[130] BGE 113 II 99.

§ 14 Neue Probleme im Zusammenhang mit der Einheit des Scheidungsurteils

Verfügung unterliegen, an ein Schiedsgericht zulässig ist. Abschliessend kann ein Schiedsgericht infolge des Grundsatzes der Einheit des Scheidungsurteils diese Fragen auch unter dem neuen Scheidungsrecht nicht regeln. Dasselbe gilt auch für das Verhältnis der BVG-Leistungen gemäss Art. 122 und Art. 124 ZGB. Regelungen eines Schiedsgerichtes bedürfen nämlich zur Rechtswirksamkeit der Genehmigung des staatlichen Richters gemäss Art. 140 Abs. 1 ZGB. Analoges war schon bisher der Fall[131].

Zulässig ist eine Schiedsabrede hingegen mit Bezug auf die Änderung von Scheidungsurteilen. Diese Änderung muss sich aber auf die finanziellen Ansprüche der Ehegatten sowie deren Unterhaltsansprüche beziehen, wobei die letzteren nicht unter Art. 287 Abs. 3 ZGB fallen dürfen. Gleiches gilt in diesem Umfang auch für Nach- und Ergänzungsverfahren[132].

---

[131] Bühler/Spühler, N 65 zu den Vorbemerkungen zu Art. 149–157 ZGB.
[132] Spühler/Frei-Maurer, N 65 zu den Vorbemerkungen zu Art. 149–157 ZGB.

§ 15 Keine Prozesseinstellung bei Konkurs

Nach Art. 207 SchKG werden in der Regel Prozesse, in denen der Schuldner Partei ist, mit der Konkurseröffnung eingestellt. Hievon ausgenommen sind Scheidungsprozesse (Art. 207 Abs. 4 SchKG), insbesondere auch Abänderungsverfahren[133]. Der Grundsatz der Nichteinstellung gilt auch dann, wenn der betreffende Prozess Einfluss auf den Bestand der Konkursmasse haben könnte[134]. Das neue Scheidungsrecht ändert daran nichts. Dasselbe gilt auch für Trennungs-, Abänderungs- und Ergänzungsprozesse.

Eine Einstellung des Scheidungsprozesses kommt hingegen in Frage, wenn eine beteiligte BVG-Einrichtung in Konkurs gefallen ist. Um z.B. eine Scheidungskonvention prüfen zu können, muss der Scheidungsrichter Kenntnis davon haben, ob und in welchem Betrag der BVG-Anspruch gegen die konkursite BVG-Einrichtung noch erhältlich gemacht werden kann (allenfalls springt der sogenannte Solidaritätsfond ein).

---

[133] Bühler/Spühler, N 90 zu Art. 143 ZGB.
[134] Spühler/Pfister, 78.

§ 16 Abänderung eines rechtskräftigen Urteils

1. Allgemeines

Der Abänderungsprozess ist wie bis anhin ein selbständiger Prozess, der vollständig losgelöst vom Scheidungsprozess ist[135]. Der Grossteil der neuen bundesrechtlichen Verfahrensvorschriften von Art. 135 ff. ZGB gilt sinngemäss auch für den Abänderungsprozess (näheres vgl. Ziff. 6 nachstehend). Im übrigen regelt das kantonale Prozessrecht den Abänderungsprozess.

2. Nachehelicher Unterhalt

Eine Abänderung eines rechtskräftigen Scheidungsurteils (auch Trennungs-, Ergänzungs-, Abänderungsurteil) ist im neuen Scheidungsrecht in erster Linie beim nachehelichen Unterhalt in Art. 129 ZGB vorgesehen. Irgendwelche Verfahrensvorschriften fehlen in diesem Zusammenhang. Lediglich für die örtliche Zuständigkeit sagt das neue Scheidungsrecht, dass die allgemein für Scheidungsklagen gültige Zuständigkeitsnorm von Art. 125 Abs. 1 ZGB gilt. Im Gegensatz zu bisher kann somit der Abänderungskläger auch an seinem Wohnsitz klagen.

3. Kinderbelange

Das neue Scheidungsrecht sieht in Art. 134 Abs. 1 ZGB die Abänderung eines Urteils für die elterliche Sorge vor. Für die Änderung des Unterhaltsbeitrages und des persönlichen Verkehrs wird in Art. 134 Abs. 2 ZGB auf die Bestimmungen über die Wirkungen des Kindesverhältnisses verwiesen (Art. 270 ff. ZGB). Massgeblich ist insbesondere Art. 275 ZGB in seiner neuen Form. Eigentliche Verfahrensvorschriften enthält zwar Art. 134 ZGB nicht. Es ist aber zu beachten, dass die allgemeinen Zuständigkeitsvorschriften für Abänderungsklagen von Art. 135 ZGB hier nicht gelten. Die Zuständigkeit für die Abänderung in Kinderbelangen ist vielmehr speziell geregelt. Massgeblich sind die Art. 134 Abs. 3 und 4 ZGB in Verbin-

---

[135] Spühler/Frei-Maurer, N 87 zu Art. 153 ZGB.

dung mit dem neu eingefügten Art. 315b ZGB. Näheres vgl. die allgemeinen Ausführungen über die Zuständigkeit[136].

Erweitert worden ist die Aktivlegitimation für Abänderungsklagen. Bis heute waren nur Vater oder Mutter sowie die Vormundschaftsbehörde aktivlegitimiert (vgl. Art. 157a ZGB). Neu ist es auch das Kind, wie aus Art. 134 Abs. 1 ZGB hervorgeht. Die Aktivlegitimation steht aber unter der Voraussetzung, dass das Kind urteilsfähig gemäss Art. 16 ZGB sein muss. Es handelt sich beim Recht auf eine Abänderungsklage in Kinderbelangen um einen Ausfluss der Persönlichkeit des Kindes gemäss Art. 19 Abs. 2 ZGB. Das eigene Antragsrecht des Kindes entspricht auch Art. 6 Abs. 1 EMRK und Art. 9 Abs. 2 sowie Art. 12 der UN-Kinderkonvention.

Der Wortlaut von Art. 134 Abs. 1 ZGB gewährt die Aktivlegitimation dem Kind nur für die Änderung der Zuteilung der elterlichen Sorge. A maiore ad minus muss dies aber logischerweise auch für den persönlichen Verkehr und die Kindesschutzmassnahmen gelten. Auch diesbezüglich ist somit dem Kind die Aktivlegitimation für ein Abänderungsbegehren zuzuerkennen. Das urteilsfähige Kind wird zweckmässigerweise nach Art. 146 Abs. 3 ZGB vorgehen und dem Gericht beantragen, ihm für den Abänderungsprozess einen Beistand gemäss Art. 146 Abs. 1 ZGB zu bestellen. Sind die vormundschaftlichen Behörden für die Abänderung zuständig (Art. 134 Abs. 3 und 4 sowie Art. 315b Abs. 2 ZGB), so ist analog zu verfahren.

4. Vorsorgliche Massnahmen

Der Vorentwurf zum neuen Scheidungsrecht sah vor, dass bei Abänderungsprozessen vorsorgliche Massnahmen teilweise überhaupt ausgeschlossen werden sollten[137]. Hievon wurde in der Folge abgesehen. Dies vor allem deshalb, weil nach bundesgerichtlicher Praxis und auch nach der herrschenden Lehre vorsorgliche Massnahmen in analoger Anwendung von aArt. 145 ZGB nur in dringenden Fällen und bei besonderen Umständen gerechtfertigt sind[138]. Es muss somit also ein Ausnahmefall vorliegen, damit überhaupt vorsorgliche Massnahmen angeordnet werden dürfen. Das neue Scheidungsrecht regelt das Problem offensichtlich in der festen Meinung nicht, dass wie bisher verfahren werden sollte. Vorsorglichen Mass-

---

[136] Neu ist vor allem die Kompetenz der Vormundschaftsbehörden, auch im Streitfall ein Besuchsrecht abzuändern. Im Ständerat wurde verlangt, dass diese das von den Gerichten festgelegte Besuchsrecht nicht zu rasch abändern dürfen; AmtlBull SR 1996, 766.

[137] Botschaft, 137.

[138] BGE 118 II 228 f.; Spühler/Frei-Maurer, N 91 f. zu Art. 153 ZGB, N 48 zu Art. 157 ZGB.

nahmenbegehren ist somit im Abänderungsprozess mit Zurückhaltung zu entsprechen. Im Zweifel ist zugunsten der bisherigen Ordnung ein Massnahmenbegehren abzulehnen.

5. BVG-Ansprüche

Eine Abänderung der Ansprüche aus beruflicher Vorsorge gemäss Art. 122–124 ZGB kommt der Natur der Sache nach grundsätzlich nicht in Frage. Die Regelung dieser Ansprüche hat nämlich endgültig zu erfolgen, sei es durch eine gemäss Art. 140 ZGB genehmigte Scheidungsvereinbarung i.S.v. Art. 141 ZGB, sei es kraft Urteils des BVG-Gerichtes gemäss Art. 25a FZG. Eine Abweichung vom Prinzip der endgültigen Regelung muss aber zulässig sein, indem nämlich der Rückfall der überwiesenen Austrittsleistung für den Fall der Wiederverheiratung vereinbart werden darf[139].

Im übrigen kommt nach der rechtskräftigen Erledigung der BVG-Ansprüche grundsätzlich nur noch die Revision in Frage. Ist die BVG-Frage im Rahmen einer Scheidungsvereinbarung geregelt worden, handelt es sich um eine Revision gemäss Art. 148 Abs. 2 ZGB. Sonst liegt eine kantonalrechtliche Revision vor. Eine Revision dürfte als einzige Lösungsmöglichkeit auch in Frage kommen, wenn in der Scheidungsvereinbarung ein Ehegatte ganz oder teilweise auf seinen BVG-Anspruch verzichtet hat (Art. 141 Abs. 3 ZGB) und sich nachträglich erweist, dass eine entsprechende Alters- und Invalidenvorsorge doch nicht in entsprechendem Umfang besteht oder dass sie gar dahingefallen ist. Dies ist beispielsweise dann der Fall, wenn eine Pensionskasse teilweise oder ganz zahlungsunfähig geworden ist. Es wird hier vorab eine bundesrechtliche Revision gemäss Art. 148 Abs. 2 ZGB in Frage kommen; subsidiär ist eine kantonalrechtliche Revision möglich.

6. Verfahrensgrundsätze

Verfahrensgrundsätze im eigentlichen Sinne legt das neue Scheidungsrecht für den Abänderungsprozess nicht fest. Dennoch dürften vor allem die Grundsätze von Art. 139 ZGB auch für den Abänderungsprozess analog zur Anwendung kommen. Es betrifft dies vor allem die freie richterliche Beweiswürdigung (Art. 139 Abs. 1 ZGB) und die Untersuchungsmaxime (Art. 139 Abs. 2 ZGB und für Kinderbelange Art. 145 ZGB). Auch Abs. 3

---

[139] Vgl. Riemer, 429.

der erwähnten Bestimmung sollte analog zur Anwendung kommen (Unfähigkeit zum Zeugen bzw. als Auskunftsperson). Das Gleiche gilt bei Kinderbelangen für die Offizialmaxime.

Nichts spricht dagegen, auch auf Abänderungsklagen das Novenrecht gemäss Art. 138 Abs. 1 ZGB und die Anforderungen an das Urteil bzw. eine Vereinbarung (Art. 143 ZGB, wenn Unterhaltsbeiträge festgelegt werden) anzuwenden. Dasselbe gilt auch für die Vertretung des Kindes im Abänderungsprozess (Art. 146 und 147 ZGB), die Rechtskraft des Abänderungsurteils (Art. 148 Abs. 1 ZGB) und die bundesrechtliche Revision, wenn im Abänderungsprozess eine an Willensmängeln leidende Vereinbarung abgeschlossen worden ist (Art. 149 Abs. 2 ZGB).

Während relativ langer Zeit seit Inkrafttreten des neuen Gesetzes dürften sich in diesem Zusammenhang übergangsrechtliche Probleme stellen. Abänderungsprozesse sind nämlich noch viele Jahre nach dem Scheidungs- oder Trennungsurteil nicht selten. Mit Ausnahme der Kinderbelange beurteilt sich die Abänderung altrechtlicher Urteile materiell nach den Vorschriften des früheren Rechtes. Hingegen kommen in derartigen Abänderungsprozessen die neuen Verfahrensvorschriften zur Anwendung (Art. 7a Abs. 3 SchlT ZGB), so beispielsweise Art. 138 Abs. 1 oder Art. 139 Abs. 1 ZGB. Vgl. auch nachstehend § 20.

§ 17 Trennungsprozess

1. Grundlagen

Die Ehetrennung kann gemäss Art. 117 Abs. 1 ZGB unter den gleichen Voraussetzungen wie die Scheidung verlangt werden. Sie ist als Trennung auf gemeinsames Begehren oder als Trennung auf Klage hin möglich. Da es keine feste und auch keine fiktive Trennungszeit mehr gibt, ist im neuen Recht eine Klage auf Aufhebung der Trennung hingegen nicht mehr möglich. Es entfällt somit die sogenannte Aufhebungsklage. Hingegen kann neu von Bundesrechts wegen eine Scheidungsklage jederzeit in eine Trennungsklage umgewandelt werden; dies gilt auch noch im Verfahren vor Bundesgericht[140].

2. Analoge Anwendung des Scheidungsverfahrens

Gestützt auf Art. 117 Abs. 2 ZGB sind die Bestimmungen über das Scheidungsverfahren sinngemäss anwendbar (Art. 117 Abs. 2 ZGB). So ist bei der Trennung auf gemeinsames Begehren entsprechend den Verfahrensvorschriften von Art. 111 ZGB vorzugehen: Getrennte und gemeinsame Anhörung der Parteien; richterliche Überzeugung, dass das Trennungsbegehren und die Trennungsvereinbarung auf freiem Willen und reiflicher Überlegung beruhen; Bejahung der voraussichtlichen Genehmigung der Vereinbarung; zweimonatige Bedenkzeit; eventuelle zweite Anhörung.

Analog zu Art. 112 ZGB ist bei einer Teileinigung im Hinblick auf eine Trennung vorzugehen.

Sind die Voraussetzungen für eine Trennung i.S.v. Art. 111 ZGB nicht gegeben, so hat das Gericht in analoger Anwendung von Art. 113 ZGB Frist zur Klage auf Trennung anzusetzen. Ähnliches gilt für die im Abschnitt «Das Scheidungsverfahren» (Art. 135–149 ZGB) enthaltenen Bestimmungen. Uneingeschränkt gilt dies für die örtliche Zuständigkeit (Art. 135 ZGB) und die Rechtshängigkeit (Art. 136 ZGB). Dasselbe gilt für Art. 137 ZGB betreffend die vorsorglichen Massnahmen. Gleicherweise wie für das Scheidungs- sind auch für das Trennungsverfahren das Novenrecht (Art. 138 ZGB), die Untersuchungsmaxime (Art. 139 ZGB und Kinderbelange Art. 145 ZGB), die Genehmigungsbedürftigkeit von Vereinbarungen (Art. 140 ZGB), die Formalien bei den Unterhaltsbeiträgen (Art. 143 ZGB), die Kinderanhörung (Art. 144 ZGB) und die Kindervertretung

---

[140] Botschaft, 139.

(Art. 146, 147 ZGB) anwendbar. Hingegen fällt jede Anwendung der Verfahrensbestimmungen über die berufliche Vorsorge (Art. 141, 142 ZGB) ausser Betracht. Denn für die Austrittsleistungen stellen Art. 122 ZGB und Art. 124 ZGB auf die Ehedauer ab. Die Ehe endet aber durch ein Trennungsurteil nicht, so dass die berufliche Vorsorge bei der Ehetrennung logischerweise kein Thema bilden kann.

Bei den Rechtsmittelbestimmungen ist Art. 148 ZGB auch bei Trennung anwendbar. Dies gilt sowohl für die Rechtskraft (Abs. 1) als auch für die Revision einer Vereinbarung über die vermögensrechtlichen Trennungsfolgen bei Mängeln im Vertragsschluss (Abs. 2). Analog anwendbar ist schliesslich auch Art. 149 ZGB auf Trennungsurteile, die auf gemeinsames Begehren ergangen sind. Sie können mit einem ordentlichen Rechtsmittel nur wegen Willensmängeln oder Verletzung bundesrechtlicher Verfahrensvorschriften über die Trennung auf gemeinsames Begehren angefochten werden. Dringt der Rechtsmittelkläger grundsätzlich durch, so kann der andere Ehegatte Widerruf der Zustimmung zur Trennung auf gemeinsames Begehren erklären.

Auf die Vollstreckung von Trennungsurteilen finden sodann auch Art. 131 ZGB über die Inkassohilfe und Art. 132 ZGB über die Anweisung an die Schuldner des Unterhaltspflichtigen Anwendung.

3. Verhältnis zu einem späteren Scheidungsverfahren

Art. 117 Abs. 3 ZGB enthält neu den Grundsatz, dass das Recht, die Scheidung zu verlangen, durch das Trennungsurteil nicht berührt wird. In einem späteren Scheidungsverfahren kann alles geltend gemacht werden, was schon im früheren Trennungsprozess vorgebracht worden ist, aber auch das, was damals nur hätte vorgebracht werden können[141].

4. Dahinfallen der Trennung

Wie bis anhin fällt das Trennungsurteil mit der faktischen Wiedervereinigung der Ehegatten ohne weitere Formalität dahin[142]. Dies gilt nicht für die

---

[141] Botschaft, 94; vgl. schon Spühler/Frei-Maurer, N 52 zu Art. 147 und 148 ZGB.
[142] Bühler/Spühler, N 16 zu Art. 147 und 148 ZGB.

von Gesetzes wegen mit der Trennung eingetretene Gütertrennung. Diese fällt mit der Wiedervereinigung nicht automatisch dahin[143].

---

[143] Spühler/Frei-Maurer, N 17 zu Art. 147 und 148 ZGB.

§ 18 Vollstreckungsrechtliche Fragen

1. Berufliche Vorsorge

Schwierigkeiten bei der Vollstreckung ergeben sich im neuen Scheidungsrecht vor allem im Bereich der Ansprüche aus der beruflichen Vorsorge und hier, wenn ein Vorsorgefall noch nicht eingetreten ist. In einem solchen Fall sind bei Zugehörigkeit eines oder beider Ehegatten zu einer beruflichen Vorsorgeeinrichtung Ansprüche aus Art. 122 ZGB geschuldet. Es handelt sich dabei um vermögensrechtliche Ansprüche. Eine erste Besonderheit liegt nun darin, dass diese sozialversicherungsrechtlicher, d.h. öffentlichrechtlicher Natur sind. Auch solche Geldforderungen unterliegen der Zwangsvollstreckung nach dem SchKG[144]. Zusätzlich gilt aber das Konkordat über die Gewährung gegenseitiger Rechtshilfe zur Vollstreckung öffentlichrechtlicher Ansprüche, vom Bundesrat genehmigt am 20. Dezember 1971 (SR 281.22); zu beachten sind insbesondere die gegenüber dem SchKG erweiterten Einredemöglichkeiten[145].

Kommt eine Einigung über die Teilung der beruflichen Vorsorgeleistungen zustande, so wird diese Vereinbarung mit der Genehmigung durch das Gericht auch für die Einrichtungen der beruflichen Vorsorge verbindlich (Art. 141 Abs. 1 a.E. ZGB). Sie werden damit durch die scheidungsrichterliche Genehmigung der Vereinbarung (Art. 141 Abs. 1, Art. 140 ZGB) als Schuldner rechtskräftig verpflichtet, die Austrittsleitung an die BVG-Einrichtung des anderen Ehegatten, in Ausnahmefällen an diesen selbst, zu bezahlen. Betreibungsgläubiger ist der aus der Vereinbarung berechtigte Ehegatte, Betreibungsschuldner die durch die Vereinbarung zur Entrichtung der Austrittsleistung verpflichtete BVG-Einrichtung. Das Betreibungsbegehren eines Ehegatten hat sich somit stets gegen die BVG-Einrichtung zu richten. Es hat in der Regel auf Zahlung an die Vorsorgeeinrichtung des betreibenden Ehegatten, ausnahmsweise an diesen selbst zu gehen.

Zu prüfen bleibt der Fall der Uneinigkeit zwischen den Ehegatten gemäss Art. 142 ZGB. Das Scheidungsgericht hat in diesem Fall nur das Verhältnis der Teilung der Austrittsleistungen zu bestimmen, wie sich aus Art. 142 Abs. 1 ZGB ergibt. Gestützt darauf hat das BVG-Gericht (im Kanton Zürich das Sozialversicherungsgericht) «die Teilung von Amtes wegen durch-

---

[144] Amonn/Gasser, § 16 N 1.
[145] Vgl. zu den wesentlichen vollstreckungsrechtlichen Fragen derartiger Ansprüche Spühler, ZBl 100 (1999) 254 ff.

zuführen» (Art. 25a Abs. 1 a.E. FZG). Das BVG-Gericht hat somit die genau zu leistenden Austrittsbeträge zu bestimmen. In diesem, prozessual etwas eigenartigen Verfahren, haben gemäss Art. 25a Abs. 1 FZG sowohl die beiden Ehegatten als auch die BVG-Einrichtungen Parteistellung (es kann sich um eine, zwei oder mehrere BVG-Einrichtungen handeln, je nach den BVG-Verhältnissen der Parteien). Das zuständige BVG-Gericht wird dabei bei der Abfassung des Urteilsdispositivs sehr genau zu beachten haben, wer Gläubiger und wer Schuldner jeder einzelnen Austrittsleistung ist. Es darf dabei die allenfalls notwendig werdende Zwangsvollstreckung nicht aus den Augen verlieren. Für deren Parteirollen ist nämlich ausschliesslich das Urteil des zuständigen BVG-Gerichtes massgeblich.

Keinerlei Probleme aufwerfen dürften die Fälle von Art. 124 ZGB. Ist der Vorsorgefall bei einem oder bei beiden Ehegatten bereits eingetreten oder besteht ausnahmsweise der Fall der Unmöglichkeit der Teilung, so ist eine angemessene Entschädigung geschuldet. Diese wird kraft Urteilspruches oder kraft genehmigter Scheidungsvereinbarung durch den Scheidungsrichter festgelegt. Eine BVG-Einrichtung ist daran logischerweise nicht beteiligt. Gläubiger und Schuldner ergeben sich als Grundlage für eine Zwangsvollstreckung aus dem Scheidungsurteil. Dieses ist hierfür definitiver Rechtsöffnungstitel. Der Entschädigungsanspruch nach Art. 124 ZGB ist rein privatrechtlicher Natur.

2. Nachehelicher Unterhalt

a) Allgemeines

Bei der Revision des Kindesrechtes wurden in den Art. 290–293 ZGB besondere Vollstreckungshilfen für die Erfüllung von Unterhaltsbeiträgen für Kinder gesetzlich verankert. Diese gelten sinngemäss auch für Kinderunterhaltsbeiträge, die gemäss Art. 143 ZGB im Rahmen eines Scheidungs- oder Trennungsurteils festgelegt werden. Im neuen Scheidungsrecht wurden praktisch analoge Bestimmungen für den nachehelichen Unterhalt i.S.v. Art. 125 ZGB erlassen. Für deren Auslegung sind Lehre und Praxis zu den Art. 290–293 ZGB analog herbeizuziehen. Die neuen Art. 131 und 132 ZGB sehen für die Sicherung des nachehelichen Unterhaltes folgende vier Massnahmen vor: Inkassohilfe, Vorschüsse, Anweisungen an die Schuldner, Sicherstellung.

b) Inkassohilfe

Wird die nacheheliche Unterhaltspflicht verletzt, so kann sich der Unterhaltsberechtigte an die Vormundschaftsbehörde oder an eine andere vom kantonalen Recht bezeichnete Stelle wenden. Diese ist verpflichtet, bei der Vollstreckung des Unterhaltsanspruchs in geeigneter Weise zu helfen. Im Kindesrecht hat dies unentgeltlich zu erfolgen (Art. 290 a.E. ZGB). Beim nachehelichen Unterhalt muss nur in der Regel unentgeltlich geholfen werden (Art. 131 Abs. 1 a.E. ZGB). Der Entwurf des Bundesrates sah Unentgeltlichkeit überhaupt nicht vor[146]. Die Entwicklung der Dinge zeigt, dass bei guten finanziellen Verhältnissen des Anspruchsberechtigten ohne weiteres eine Kostenbeteiligung in Frage kommt. Dasselbe dürfte auch bei von diesem verschuldeten Aufwand der Fall sein[147].

c) Alimentenbevorschussung

Die Bevorschussung von nachehelichen Unterhaltsleistungen, wenn die verpflichtete Person ihre Unterhaltsleistungen nicht erbringt, ist in Art. 131 Abs. 2 und 3 ZGB vorgesehen. Art. 131 Abs. 2 ZGB ist lediglich eine Programmvorschrift. Sie bringt den Wunsch des Bundesgesetzgebers zum Ausdruck, dass sich die Kantone dieser sozialpolitischen Massnahme annehmen. Vom Gemeinwesen erfüllte Ansprüche gehen kraft Subrogation auf dieses über (Art. 131 Abs. 3 ZGB). Dazu gehört auch das Konkursprivileg gemäss Art. 219 Abs. 4 lit. c SchKG[148].

d) Anweisung an den Schuldner

Die Anweisung an die Schuldner des zum nachehelichen Unterhalt Verpflichteten, der seine Zahlungen nicht leistet, ist neu in Art. 132 Abs. 1 ZGB vorgesehen. Sie ist den Art. 291 ZGB (Kinderunterhalt) und Art. 177 ZGB (Eheschutz) nachgebildet. Die Anweisung an den Schuldner hat erhebliche Vorteile gegenüber einem Vorgehen nach SchKG. Sie erfasst nämlich während des Zeitraumes, für den sie angeordnet ist, auch zukünftige Leistungen und muss nicht für jede fällige Leistung neu angeordnet werden[149].

---

[146] Botschaft, 122.
[147] So auch Bundesrat Koller, AmtlBull NR 1997, 1191.
[148] Botschaft, 122.
[149] Vgl. Botschaft, 122 f.

e)   Sicherheitsleistung

Art. 132 Abs. 2 ZGB sieht ferner für krasse Fälle wie beharrliche Vernachlässigung der Unterstützungspflicht, Verschleuderung oder Beiseiteschaffen des Vermögens, Anstalten zur Flucht treffen, die Verpflichtungsmöglichkeit vor, für die künftigen Unterhaltsbeiträge angemessene Sicherheit zu leisten. Die Sicherheitsverpflichtung darf nur bei konkreter Gefährdung angeordnet werden. Jedenfalls gebieten dies Wortlaut und Sinn der Bestimmung[150]. Zulässig sind alle bekannten Sicherungsmittel des Zivilrechtes, so beispielsweise Faustpfandbestellung, Grundpfandverschreibung, Todesfallversicherung mit unwiderruflicher Begünstigung des Rentenberechtigten usw.[151]. Art. 132 Abs. 2 ZGB, wie übrigens Art. 131 Abs. 1 ZGB (Anweisung an die Schuldner), sagt nichts, ob es für die Sicherstellung eines Antrages der berechtigten Person bedarf. Da der nacheheliche Unterhalt von der Verhandlungsmaxime und von der Dispositionsmaxime bestimmt wird, ist weder eine Sicherstellung noch eine Anweisung ohne ausdrücklichen Parteiantrag möglich.

In ganz bestimmten Konstellationen kann die Verpflichtung zur Sicherstellung mit einer Anweisung verbunden werden[152].

---

[150]   A.M. Botschaft, 123.
[151]   Vgl. Bühler/Spühler, N 63 ff. zu Art. 151 ZGB.
[152]   Botschaft, 123.

§ 19 Internationales

1. Allgemeines

Im Zusammenhang mit dem neuen Scheidungsrecht wurden im IPRG keine Änderungen für das Scheidungsverfahren vorgenommen. Im Rahmen des Scheidungsrechtes erfolgte eine einzige Änderung in Art. 45 Abs. 2 IPRG betreffend die Eheschliessung im Ausland. Trotzdem stellen sich im internationalen Bereich im Zusammenhang mit dem Scheidungsverfahrensrecht einige Fragen.

2. Örtliche Zuständigkeit

Innerstaatlich wurde die örtliche Zuständigkeit für Scheidungsklagen usw. geändert, in dem gemäss Art. 135 ZGB nicht mehr ein ausschliesslicher Gerichtsstand am Wohnsitz des Klägers (aArt. 144 ZGB) zur Verfügung steht, sondern jeder Ehegatte ist frei, auch am Wohnsitz des Beklagten zu klagen. Leider wurde es verpasst, für Scheidungsklagen im internationalen Verhältnis gemäss Art. 1 Abs. 1 IPRG die Bestimmung von Art. 59 IPRG anzupassen. Es gibt deshalb nunmehr Konstellationen, in denen Ungleichheiten entstehen. Es wäre deshalb angebracht gewesen, den primären Gerichtsstand des Beklagten[153] zu überprüfen; allerdings haben Scheidungsurteile aus einem Klägergerichtsstand Mühe, international anerkannt zu werden[154]. Anders als im innerstaatlichen Verhältnis genügt es hier, wenn der Wohnsitz der massgebenden Partei bei Verfahrenseinleitung oder im Zeitpunkt der Sachentscheidung vorliegt[155].

Für Unterhaltsansprüche in Scheidungsprozessen ist im LugÜ-Bereich weiterhin Art. 5 Ziff. 2 LugÜ zu beachten, obschon dieses gemäss Art. 1 Abs. 2 Ziff. 1 LugÜ auf Personenstandstreitigkeiten nicht anwendbar ist, es sei denn, die Zuständigkeit beruhe lediglich auf der Staatsangehörigkeit einer der Parteien[156].

---

[153] Siehr, Basler-Komm., N 10 zu Art. 59 IPRG.
[154] Volken, IPRG-Komm., N 13 zu Art. 59 IPRG.
[155] Siehr, Basler-Komm., N 10 zu Art. 59 IPRG.
[156] Beispielsweise Art. 60 IPRG, Heimatzuständigkeit für Scheidungsklagen; dazu Volken, IPRG-Komm., N 5 f. zu Art. 60 IPRG.

3. Vorsorgliche Massnahmen

Im Bereich der vorsorglichen Massnahmen bleibt für die internationale Zuständigkeit weiterhin Art. 62 Abs. 1 IPRG massgeblich (Scheidungs- oder Trennungsgericht), wobei allerdings Einschränkungen für den Unterhalt und die elterliche Gewalt bestehen können[157]. Da Art. 62 IPRG gegenüber der allgemeinen Massnahmenzuständigkeit des Art. 10 IPRG eine lex specialis darstellt, ist er im Zweifelsfall eher eng auszulegen[158].

Ein Problem ist bei den vorsorglichen Massnahmen mit dem neuen Art. 137 Abs. 2 ZGB entstanden; darnach kann das Scheidungsgericht vorsorgliche Massnahmen auch anordnen, wenn das Verfahren betreffend die Scheidungsfolgen über die Auflösung der Ehe hinaus fortdauert. Eine entsprechende Regelung fehlt in Art. 62 Abs. 1 IPRG, d.h. die Anpassung dieser Bestimmung wurde leider unterlassen. Eine Ungleichbehandlung von Prozessparteien vor einem schweizerischen Gericht deshalb, weil ein internationaler Sachverhalt vorliegt, erscheint nicht gerechtfertigt. Auch in diesem Fall sollte auch nach Auflösung der Ehe gegebenenfalls der Erlass vorsorglicher Massnahmen möglich sein.

4. BVG-Ansprüche

Zu den vermögensrechtlichen Nebenfolgen der Scheidung gehören neu die Ansprüche aus der beruflichen Vorsorge (Art. 122, 124 ZGB). Kommt hierüber keine Einigung zustande, hat das Scheidungsgericht über das Verhältnis der Teilung der Austrittsleistungen zu entscheiden (Art. 142 Abs. 1 ZGB). Darnach erfolgt Überweisung an das zuständige BVG-Gericht zur Vornahme der Teilung gemäss Art. 25a FZG. Dass sich die Frage der BVG-Auseinandersetzung auch für Scheidungsklagen im internationalen Verhältnis stellt, hat der Gesetzgeber des neuen Scheidungsrechtes übersehen. Massgeblich ist weiterhin Art. 63 Abs. 1 IPRG. Darnach ist der Scheidungsrichter für die Regelung der Nebenfolgen zuständig, und zwar nach der Lehre auch für die sogenannten übrigen Nebenfolgen, d.h. diejenigen, die nicht in Art. 63 Abs. 2 IPRG aufgezählt sind[159]. Bei Abstellen auf den Wortlaut fehlt es hier an der Zuständigkeit des BVG-Richters gemäss Art. 25a FZG. Auch ist Art. 63 Abs. 1 IPRG lex specialis zu Art. 142 ZGB. Streng genommen hat somit bei Scheidungen nach IPRG der Scheidungs-

---

[157] Art. 62 Abs. 3 IPRG; Siehr, Basler-Komm., N 7 f. zu Art. 62 IPRG; Volken, IPRG-Komm., N 4 zu Art. 63 IPRG.
[158] Volken, IPRG-Komm., N 2 zu Art. 62 IPRG.
[159] Siehr, Basler-Komm., N 22 zu Art. 63 IPRG.

richter endgültig und umfassend auch über BVG-Leistungen zu entscheiden. Eine entsprechende gesetzliche Anpassung im Sinne einer übereinstimmenden Regelung von nationalen und internationalen Scheidungen in diesem Punkt wäre durchaus angebracht.

§ 20 Übergangsrecht

1. Allgemeine Grundsätze

Prozessrechtsrevisionen sollen regelmässig dringliche Neuerungswünsche verwirklichen. Aus diesem Grund sollen neue Verfahrensregeln grundsätzlich auch für bereits hängige Verfahren anwendbar sein[160]. Das Bundesgericht hat sich in BGE 115 II 101 wie folgt ausgedrückt: «Nach der Rechtsprechung sind neue Verfahrensvorschriften grundsätzlich sofort und uneingeschränkt anzuwenden, wenn die Kontinuität des materiellen Rechts dadurch nicht gefährdet wird und die Übergangsbestimmungen nicht ausdrücklich etwas anderes vorsehen». Ausnahmen bestehen in der Praxis vor allem mit Bezug auf die Erhaltung der Zuständigkeit und die Zulässigkeit von Rechtsmitteln[161].

Im Rahmen des Erlasses des neuen Scheidungsrechtes wurden auch verschiedene Bestimmungen des Schlusstitels des ZGB geändert. Für das Scheidungsrecht bzw. den Scheidungsprozess betrifft dies im wesentlichen die Art. 7a und 7b SchlT ZGB.

2. Grundsätzliche Anwendbarkeit des neuen Verfahrensrechts

Auf alle Scheidungsprozesse, die im Zeitpunkt des Inkrafttretens des neuen Scheidungsrechts rechtshängig sind, findet das neue Recht und damit grundsätzlich auch das neue Verfahrensrecht Anwendung (Art. 7b Abs. 1 SchlTZGB). Dies gilt für die erste, zweite und allenfalls dritte kantonale Instanz; letzteres gilt in Kantonen mit Kassationsgericht. Auswirkungen wird diese Regel vor allem in Kinderbelangen haben, so bei Anhörung und Vertretung der Kinder gemäss Art. 144 und 146 ZGB.

Eine Ausnahme hievon sieht Art. 7b Abs. 3 SchlTZGB vor. Ist bei einem Weiterzug an das Bundesgericht der letztinstanzliche kantonale Entscheid (im Kanton Zürich Urteil des Obergerichtes und/oder des Kassationsgerichtes) vor dem Inkrafttreten des neuen Scheidungsrechts ergangen, ist altes Recht massgebend. Dies gilt nicht nur für das Verfahren vor Bundesgericht, sondern auch für dasjenige vor einer kantonalen Instanz, an welche die Sache allenfalls zurückgewiesen wird. Nach bundesgerichtlicher

---

[160] Vogel, 1. Kap. N 93 f.
[161] Vogel, 1. Kap. N 95 f.

Rückweisung ist somit der Scheidungsprozess nach altem kantonalen und eidgenössischen Prozessrecht fortzuführen.

3. Zulässigkeit neuer Rechtsbegehren

Wie weit die Anwendbarkeit des neuen Rechts geht, zeigt sich in Art. 7b Abs. 2 SchlTZGB. Darnach sind neue Rechtsbegehren, die durch den Wechsel des anwendbaren Rechts veranlasst werden, zulässig. Aufgrund des Verhältnisses von Art. 7b Abs. 2 SchlT ZGB zu dessen Absätzen 1 und 3 gilt diese Regel in allen kantonalen Instanzen, nicht aber vor Bundesgericht. Neue Begehren werden sich vor allem im Zusammenhang mit der beruflichen Vorsorge gemäss Art. 122 und 123 ZGB und dem nachehelichen Unterhalt gemäss Art. 125 ZGB ergeben. In den kantonalen Sachinstanzen wird damit eine Neuinstruktion vieler Verfahren unumgänglich sein. Das übergangsrechtliche Novenrecht von Art. 7b Abs. 2 SchlTZGB geht jedenfalls noch weiter als dasjenige von Art. 138 Abs. 1 ZGB. Übergangsrechtlich sind neue Rechtsbegehren auch dann zulässig, wenn sie nicht durch neue Tatsachen oder Beweismittel veranlasst worden sind.

4. Teilrechtskraft

Wird übergangsrechtlich nur ein Teil des Urteils weitergezogen, bleiben die nicht angefochtenen Teile eines Scheidungs-, Trennungs-, Abänderungs- und Ergänzungsurteils verbindlich (Art. 7b Abs. 2 SchlT ZGB). Eine Ausnahme des Grundsatzes der Teilrechtskraft nicht angefochtener Urteilsteile besteht dann, wenn sie sachlich derart eng mit dem noch zu beurteilenden Rechtsbegehren zusammenhängen, dass sinnvollerweise eine Gesamtbeurteilung stattfinden muss (Art. 7b Abs. 2 Halbsatz 2 SchlT ZGB). Das wird beispielsweise für die Ehegattenunterhaltsbeiträge zutreffen, wenn neu auch Anwartschaften aus der zweiten Säule zu teilen sind[162].

5. Abänderungsverfahren

Für das Verfahren der Abänderung des Scheidungs-, Trennungs- oder Ergänzungsurteils (Art. 125, Art. 134 ZGB) ist das neue Recht anwendbar. Das ergibt sich aus Art. 7a Abs. 3 SchlT ZGB.

---

[162] Botschaft, 171.

6. Vollstreckung

Art. 7a Abs. 2 SchlT ZGB hält zunächst den Grundsatz fest, dass altrechtliche Scheidungen anerkannt bleiben. Zu beachten ist aber im Zusammenhang mit der Vollstreckung, dass die neuen Art. 131 ZGB (Inkassohilfe, Vorschüsse) und Art. 132 ZGB (Anweisung an die Schuldner, Sicherstellung) über die Vollstreckung der Unterhaltsbeiträge auch auf altrechtliche Scheidungs-, Trennungs-, Abänderungs- und Ergänzungsurteile Anwendung finden (Art. 7a Abs. 2 Halbsatz 2 SchlT ZGB). Voraussetzung bildet, dass es sich um eine Rente oder Abfindung als Unterhaltsersatz oder Unterhaltsbeitrag handelt[163].

---

[163] Botschaft, 170.

Auszug aus dem Schweizerischen Zivilgesetzbuch
Änderung vom 26. Juni 1998

Art. 111

A. Scheidung auf gemeinsames Begehren
I. Umfassende Einigung

¹ Verlangen die Ehegatten gemeinsam die Scheidung und reichen sie eine vollständige Vereinbarung über die Scheidungsfolgen mit den nötigen Belegen und mit gemeinsamen Anträgen hinsichtlich der Kinder ein, so hört das Gericht sie getrennt und zusammen an; es überzeugt sich davon, dass das Scheidungsbegehren und die Vereinbarung auf freiem Willen und reiflicher Überlegung beruhen und die Vereinbarung voraussichtlich genehmigt werden kann.

² Bestätigen beide Ehegatten nach einer zweimonatigen Bedenkzeit seit der Anhörung schriftlich ihren Scheidungswillen und ihre Vereinbarung, so spricht das Gericht die Scheidung aus und genehmigt die Vereinbarung.

³ Das Gericht kann eine zweite Anhörung anordnen.

Art. 112

II. Teileinigung

¹ Die Ehegatten können gemeinsam die Scheidung verlangen und erklären, dass das Gericht die Scheidungsfolgen beurteilen soll, über die sie sich nicht einig sind.

² Das Gericht hört sie wie bei der umfassenden Einigung zum Scheidungsbegehren, zu den Scheidungsfolgen, über die sie sich geeinigt haben, sowie zur Erklärung, dass die übrigen Folgen gerichtlich zu beurteilen sind, an.

³ Zu den Scheidungsfolgen, über die sie sich nicht einig sind, stellt jeder Ehegatte Anträge, über welche das Gericht im Scheidungsurteil entscheidet.

Art. 113

III. Wechsel zur Scheidung auf Klage

Gelangt das Gericht zum Entscheid, dass die Voraussetzungen für eine Scheidung auf gemeinsames Begehren nicht erfüllt sind, so setzt es jedem Ehegatten eine Frist, um das Scheidungsbegehren durch eine Klage zu ersetzen.

Art. 114

B. Scheidung auf Klage eines

Ein Ehegatte kann die Scheidung verlangen, wenn die Ehegatten bei Eintritt der Rechtshängigkeit der Klage oder bei

Ehegatten
I. Nach Getrenntleben

Wechsel zur Scheidung auf Klage mindestens vier Jahre getrennt gelebt haben.

Art. 115

II. Unzumutbarkeit

Vor Ablauf der vierjährigen Frist kann ein Ehegatte die Scheidung verlangen, wenn ihm die Fortsetzung der Ehe aus schwerwiegenden Gründen, die ihm nicht zuzurechnen sind, nicht zugemutet werden kann.

Art. 116

III. Zustimmung zur Scheidungsklage, Widerklage

Verlangt ein Ehegatte die Scheidung nach Getrenntleben oder wegen Unzumutbarkeit und stimmt der andere Ehegatte ausdrücklich zu oder erhebt er Widerklage, so sind die Bestimmungen über die Scheidung auf gemeinsames Begehren sinngemäss anwendbar.

Art. 117

A. Voraussetzungen und Verfahren

^{1} Die Ehegatten können die Trennung unter den gleichen Voraussetzungen wie bei der Scheidung verlangen.

^{2} Die Bestimmungen über das Scheidungsverfahren sind sinngemäss anwendbar.

^{3} Das Recht, die Scheidung zu verlangen, wird durch das Trennungsurteil nicht berührt.

Art. 122

D. Berufliche Vorsorge
I. Vor Eintritt eines Vorsorgefalls
1. Teilung der Austrittsleistungen

^{1} Gehört ein Ehegatte oder gehören beide Ehegatten einer Einrichtung der beruflichen Vorsorge an und ist bei keinem Ehegatten ein Vorsorgefall eingetreten, so hat jeder Ehegatte Anspruch auf die Hälfte der nach dem Freizügigkeitsgesetz vom 17. Dezember 1993 für die Ehedauer zu ermittelnden Austrittsleistung des anderen Ehegatten.

^{2} Stehen den Ehegatten gegenseitig Ansprüche zu, so ist nur der Differenzbetrag zu teilen.

Art. 123

2. Verzicht und Ausschluss

^{1} Ein Ehegatte kann in der Vereinbarung auf seinen Anspruch ganz oder teilweise verzichten, wenn eine entsprechende Alters- und Invalidenvorsorge auf andere Weise gewährleistet ist.

² Das Gericht kann die Teilung ganz oder teilweise verweigern, wenn sie aufgrund der güterrechtlichen Auseinandersetzung oder der wirtschaftlichen Verhältnisse nach der Scheidung offensichtlich unbillig wäre.

Art. 124

II. Nach Eintritt eines Vorsorgefalls oder bei Unmöglichkeit der Teilung

¹ Ist bei einem oder bei beiden Ehegatten ein Vorsorgefall bereits eingetreten oder können aus andern Gründen Ansprüche aus der beruflichen Vorsorge, die während der Dauer der Ehe erworben worden sind, nicht geteilt werden, so ist eine angemessene Entschädigung geschuldet.

² Das Gericht kann den Schuldner verpflichten, die Entschädigung sicherzustellen, wenn es die Umstände rechtfertigen.

Art. 125

E. Nachehelicher Unterhalt
I. Voraussetzungen

¹ Ist einem Ehegatten nicht zuzumuten, dass er für den ihm gebührenden Unterhalt unter Einschluss einer angemessenen Altersvorsorge selbst aufkommt, so hat ihm der andere einen angemessenen Beitrag zu leisten.

² Beim Entscheid, ob ein Beitrag zu leisten sei und gegebenenfalls in welcher Höhe und wie lange, sind insbesondere zu berücksichtigen:

1. die Aufgabenteilung während der Ehe;
2. die Dauer der Ehe;
3. die Lebensstellung während der Ehe;
4. das Alter und die Gesundheit der Ehegatten;
5. Einkommen und Vermögen der Ehegatten;
6. der Umfang und die Dauer der von den Ehegatten noch zu leistenden Betreuung der Kinder;
7. die berufliche Ausbildung und die Erwerbsaussichten der Ehegatten sowie der mutmassliche Aufwand für die berufliche Eingliederung der anspruchsberechtigten Person;
8. die Anwartschaften aus der eidgenössischen Alters- und Hinterlassenenversicherung und aus der beruflichen oder einer anderen privaten oder staatlichen Vorsorge einschliesslich des voraussichtlichen Ergebnisses der Teilung der Austrittsleistungen.

³ Ein Beitrag kann ausnahmsweise versagt oder gekürzt werden, wenn er offensichtlich unbillig wäre, insbesondere weil die berechtigte Person:

1. ihre Pflicht, zum Unterhalt der Familie beizutragen, grob verletzt hat;
2. ihre Bedürftigkeit mutwillig herbeigeführt hat;
3. gegen die verpflichtete Person oder eine dieser nahe verbundenen Person eine schwere Straftat begangen hat.

Art. 127

III. Rente
1. Besondere Vereinbarungen

Die Ehegatten können in der Vereinbarung die Änderung der darin festgesetzten Rente ganz oder teilweise ausschliessen.

Art. 134

II. Veränderung der Verhältnisse

¹ Auf Begehren eines Elternteils, des Kindes oder der Vormundschaftsbehörde ist die Zuteilung der elterlichen Sorge neu zu regeln, wenn dies wegen wesentlicher Veränderung der Verhältnisse zum Wohl des Kindes geboten ist.

² Die Voraussetzungen für eine Änderung des Unterhaltsbeitrages oder des Anspruchs auf persönlichen Verkehr richten sich nach den Bestimmungen über die Wirkungen des Kindesverhältnisses.

³ Sind sich die Eltern einig oder ist ein Elternteil verstorben, so ist die Vormundschaftsbehörde für die Neuregelung der elterlichen Sorge und die Genehmigung eines Unterhaltsvertrages zuständig. In den übrigen Fällen entscheidet das für die Abänderung des Scheidungsurteils zuständige Gericht.

⁴ Hat das Gericht über die Änderung der elterlichen Sorge oder des Unterhaltsbeitrages für das unmündige Kind zu befinden, so regelt es nötigenfalls auch den persönlichen Verkehr neu; in den andern Fällen entscheidet die Vormundschaftsbehörde über die Änderung des persönlichen Verkehrs.

Art. 135

A. Zuständigkeit

¹ Für die Scheidung, für die Abänderung des Scheidungsurteils und für die Klage auf Anweisung an die Schuldner oder auf Sicherstellung der Unterhaltsbeiträge ist das Gericht am Wohnsitz eines Ehegatten zuständig.

² Wird eine Neufestsetzung von Unterhaltsbeiträgen für das mündige Kind verlangt, so richtet sich die Zuständigkeit nach den Bestimmungen über die Unterhaltspflicht der Eltern.

Art. 136

B. Rechts‑
hängigkeit

¹ Das gemeinsame Scheidungsbegehren wird ohne vorausgehendes Sühneverfahren direkt beim Gericht rechtshängig gemacht.

² Die Rechtshängigkeit der Klage eines Ehegatten auf Scheidung oder Abänderung des Scheidungsurteils tritt mit der Klageanhebung ein.

Art. 137

C. Vorsorgliche
Massnahmen
während des
Scheidungs‑
verfahrens

¹ Jeder Ehegatte kann nach Eintritt der Rechtshängigkeit für die Dauer des Verfahrens den gemeinsamen Haushalt aufheben.

² Das Gericht trifft die nötigen vorsorglichen Massnahmen. Es kann vorsorgliche Massnahmen auch dann anordnen, wenn die Ehe aufgelöst ist, aber das Verfahren über Scheidungsfolgen fortdauert. Die Bestimmungen über die Massnahmen zum Schutz der ehelichen Gemeinschaft sind sinngemäss anwendbar. Unterhaltsbeiträge können für die Zukunft und für das Jahr vor Einreichung des Begehrens gefordert werden.

Art. 138

D. Neue Anträge

¹ In der oberen kantonalen Instanz können neue Tatsachen und Beweismittel vorgebracht werden; neue Rechtsbegehren müssen zugelassen werden, sofern sie durch neue Tatsachen oder Beweismittel veranlasst worden sind.

² Die Scheidungsklage kann jederzeit in eine Trennungsklage umgewandelt werden.

Art. 139

E. Erforschung
des Sachverhalts

¹ Das Gericht würdigt die Beweise nach freier Überzeugung.

² Es darf Tatsachen, die zur Begründung einer Klage auf Scheidung dienen, nur dann als erwiesen annehmen, wenn es sich von deren Vorhandensein überzeugt hat.

³ Wer bei einer Ehe- oder Familienberatung oder bei einer Stelle für Familienmediation für die Ehegatten tätig gewesen ist, kann weder Zeugnis ablegen noch Auskunftsperson sein.

Art. 140

F. Genehmigung der Vereinbarung

¹ Die Vereinbarung über die Scheidungsfolgen ist erst rechtsgültig, wenn das Gericht sie genehmigt hat. Sie ist in das Urteilsdispositiv aufzunehmen.

² Das Gericht spricht die Genehmigung aus, wenn es sich davon überzeugt hat, dass die Ehegatten aus freiem Willen und nach reiflicher Überlegung die Vereinbarung geschlossen haben und diese klar, vollständig und nicht offensichtlich unangemessen ist.

Art. 141

G. Berufliche Vorsorge; Teilung der Austrittsleistungen
I. Einigung

¹ Haben sich die Ehegatten über die Teilung der Austrittsleistungen sowie die Art der Durchführung der Teilung geeinigt und legen sie eine Bestätigung der beteiligten Einrichtungen der beruflichen Vorsorge über die Durchführbarkeit der getroffenen Regelung und die Höhe der Guthaben vor, die für die Berechnung der zu teilenden Austrittsleistungen massgebend sind, so wird die Vereinbarung mit der Genehmigung durch das Gericht auch für die Einrichtungen der beruflichen Vorsorge verbindlich.

² Das Gericht eröffnet den Einrichtungen der beruflichen Vorsorge das rechtskräftige Urteil bezüglich der sie betreffenden Punkte unter Einschluss der nötigen Angaben für die Überweisung des vereinbarten Betrages.

³ Verzichtet ein Ehegatte in der Vereinbarung ganz oder teilweise auf seinen Anspruch, so prüft das Gericht von Amtes wegen, ob eine entsprechende Alters- und Invalidenvorsorge auf andere Weise gewährleistet ist.

Art. 142

II. Uneinigkeit

¹ Kommt keine Vereinbarung zustande, so entscheidet das Gericht über das Verhältnis, in welchem die Austrittsleistungen zu teilen sind.

² Sobald der Entscheid über das Teilungsverhältnis rechtskräftig ist, überweist das Gericht die Streitsache von Amtes wegen dem nach dem Freizügigkeitsgesetz vom 17. Dezember 1993 zuständigen Gericht.

³ Diesem ist insbesondere mitzuteilen:
1. der Entscheid über das Teilungsverhältnis;

2. das Datum der Eheschliessung und das Datum der Ehescheidung;
3. die Einrichtungen der beruflichen Vorsorge, bei denen den Ehegatten voraussichtlich Guthaben zustehen;
4. die Höhe der Guthaben der Ehegatten, die diese Einrichtungen gemeldet haben.

Art. 143

H. Unterhaltsbeiträge

Werden durch Vereinbarung oder Urteil Unterhaltsbeiträge festgelegt, so ist anzugeben:
1. von welchem Einkommen und Vermögen jedes Ehegatten ausgegangen wird;
2. wieviel für den Ehegatten und wieviel für jedes Kind bestimmt ist;
3. welcher Betrag zur Deckung des gebührenden Unterhalts des berechtigten Ehegatten fehlt, wenn eine nachträgliche Erhöhung der Rente vorbehalten wird;
4. ob und in welchem Ausmass die Rente sich den Veränderungen der Lebenskosten anpasst.

Art. 144

J. Kinder
I. Anhörung

^{1} Sind Anordnungen über Kinder zu treffen, so hört das Gericht die Eltern persönlich an.

^{2} Die Kinder werden in geeigneter Weise durch das Gericht oder durch eine beauftragte Drittperson persönlich angehört, soweit nicht ihr Alter oder andere wichtige Gründe dagegen sprechen.

Art. 145

II. Abklärung der Verhältnisse

^{1} Das Gericht erforscht den Sachverhalt von Amtes wegen und würdigt die Beweise nach freier Überzeugung.

^{2} Nötigenfalls zieht es Sachverständige bei und erkundigt sich bei der Vormundschaftsbehörde oder einer in der Jugendhilfe tätigen Stelle.

Art. 146

IV. Vertretung des Kindes
1. Voraussetzungen

^{1} Das Gericht ordnet aus wichtigen Gründen die Vertretung des Kindes im Prozess durch einen Beistand an.

^{2} Es prüft die Anordnung der Beistandschaft insbesondere dann, wenn:

1. die Eltern bezüglich der Zuteilung der elterlichen Sorge oder wichtiger Fragen des persönlichen Verkehrs unterschiedliche Anträge stellen;
2. die Vormundschaftsbehörde es beantragt;
3. die Anhörung der Eltern oder des Kindes oder andere Gründe erhebliche Zweifel an der Angemessenheit der gemeinsamen Anträge der Eltern über die Zuteilung der elterlichen Sorge oder den persönlichen Verkehr erwecken oder Anlass geben, den Erlass von Kindesschutzmassnahmen zu erwägen.

³ Auf Antrag des urteilsfähigen Kindes ist die Beistandschaft anzuordnen.

Art. 147

2. Bestellung und Aufgaben

¹ Die Vormundschaftsbehörde bezeichnet als Beistand eine in fürsorgerischen und rechtlichen Fragen erfahrene Person.

² Der Beistand des Kindes kann Anträge stellen und Rechtsmittel einlegen, soweit es um die Zuteilung der elterlichen Sorge, um grundlegende Fragen des persönlichen Verkehrs oder um Kindesschutzmassnahmen geht.

³ Dem Kind dürfen keine Gerichts- oder Parteikosten auferlegt werden.

Art. 148

K. Rechtsmittel I. Im allgemeinen

¹ Die Einlegung eines Rechtsmittels hemmt den Eintritt der Rechtskraft nur im Umfang der Anträge; wird jedoch der Unterhaltsbeitrag für den Ehegatten angefochten, so können auch die Unterhaltsbeiträge für die Kinder neu beurteilt werden.

² Die rechtskräftige Vereinbarung über die vermögensrechtlichen Scheidungsfolgen kann bei Mängeln im Vertragsschluss mit Revision angefochten werden.

Art. 149

II. Bei Scheidung auf Gemeinsames Begehren

¹ Bei einer Scheidung auf gemeinsames Begehren kann die Auflösung der Ehe mit einem ordentlichen Rechtsmittel nur wegen Willensmängeln oder Verletzung bundesrechtlicher Verfahrensvorschriften über die Scheidung auf gemeinsames Begehren angefochten werden.

² Ficht eine Partei mit einem ordentlichen Rechtsmittel die einverständlich geregelten Scheidungsfolgen an, so kann die

andere Partei innert einer vom Gericht angesetzten Frist erklären, dass sie ihre Zustimmung zur Scheidung auf gemeinsames Begehren widerruft, wenn der betreffende Teil des Urteils geändert würde.

Änderung des Schlusstitels

Art. 7a

I^{bis}. Scheidung
1. Grundsatz

^{1} Für die Scheidung gilt das neue Recht, sobald das Bundesgesetz vom 26. Juni 1998 in Kraft getreten ist.

^{2} Scheidungen, die unter dem bisherigen Recht rechtskräftig geworden sind, bleiben anerkannt; die neuen Bestimmungen über die Vollstreckung finden Anwendung auf Renten oder Abfindungen, die als Unterhaltsersatz oder als Unterhaltsbeitrag festgesetzt worden sind.

^{3} Die Abänderung des Scheidungsurteils erfolgt nach den Vorschriften des früheren Rechts unter Vorbehalt der Bestimmungen über die Kinder und das Verfahren.

Art. 7b

2. Rechtshängige Scheidungsprozesse

^{1} Auf die Scheidungsprozesse, die beim Inkrafttreten des Bundesgesetzes vom 26. Juni 1998 rechtshängig und die von einer kantonalen Instanz zu beurteilen sind, findet das neue Recht Anwendung.

^{2} Neue Rechtsbegehren, die durch den Wechsel des anwendbaren Rechts veranlasst werden, sind zulässig; nicht angefochtene Teile des Urteils bleiben verbindlich, sofern sie sachlich nicht derart eng mit noch zu beurteilenden Rechtsbegehren zusammenhängen, dass sinnvollerweise eine Gesamtbeurteilung stattfinden muss.

^{3} Das Bundesgericht entscheidet nach bisherigem Recht, wenn der angefochtene Entscheid vor dem Inkrafttreten des Bundesgesetzes vom 26. Juni 1998 ergangen ist; dies gilt auch bei einer allfälligen Rückweisung an die kantonale Instanz.

Auszug aus dem Freizügigkeitsgesetz vom 17. Dezember 1993
(SR 831.42)

Art. 22

Ehescheidung
a. Grundsatz

[1] Bei Ehescheidung werden die für die Ehedauer zu ermittelnden Austrittsleistungen nach den Artikeln 122, 123, 141 und 142 des Zivilgesetzbuches geteilt; die Artikel 3–5 sind auf den zu übertragenden Betrag sinngemäss anwendbar.

[2] Die zu teilende Austrittsleistung eines Ehegatten entspricht der Differenz zwischen der Austrittsleistung zuzüglich allfälliger Freizügigkeitsguthaben im Zeitpunkt der Ehescheidung und der Austrittsleistung zuzüglich allfälliger Freizügigkeitsguthaben im Zeitpunkt der Eheschliessung (vgl. Art. 24). Für diese Berechnung sind die Austrittsleistung und das Freizügigkeitsguthaben im Zeitpunkt der Eheschliessung auf den Zeitpunkt der Ehescheidung aufzuzinsen. Barauszahlungen während der Ehedauer werden nicht berücksichtigt.

[3] Anteile einer Einmaleinlage, die ein Ehegatte während der Ehe aus Mitteln finanziert hat, die unter dem Güterstand der Errungenschaftsbeteiligung von Gesetzes wegen sein Eigengut wären (Art. 198 ZGB), sind zuzüglich Zins von der zu teilenden Austrittsleistung abzuziehen.

Art. 25a

Verfahren bei Scheidung

[1] Können sich die Ehegatten über die bei der Ehescheidung zu übertragende Austrittsleistung (Art. 122, 123 ZGB) nicht einigen, so hat das am Ort der Scheidung nach Artikel 73 Absatz 1 des Bundesgesetzes vom 25. Juni 1982 über die berufliche Alters-, Hinterlassenen- und Invalidenvorsorge zuständige Gericht gestützt auf den vom Scheidungsgericht bestimmten Teilungsschlüssel die Teilung von Amtes wegen durchzuführen, nachdem ihm die Streitsache überwiesen worden ist (Art. 142 ZGB).

[2] Die Ehegatten und die Einrichtungen der beruflichen Vorsorge haben in diesem Verfahren Parteistellung. Das Gericht setzt ihnen eine angemessene Frist, um Anträge zu stellen.

Auszug aus dem Bundesrechtspflegegesetz vom 16. Dezember 1943

(SR 173.110)

Art. 44 Bst. b^{bis}

Nicht vermögensrechtliche Zivilsachen

Die Berufung ist zulässig in nicht vermögensrechtlichen Zivilrechtsstreitigkeiten sowie in folgenden Fällen:

b^{bis} Aussprechung oder Verweigerung der Scheidung auf gemeinsames Begehren (Art. 111, 112 und 149 ZGB).

Sachregister

In der primären Einteilung ist das Sachregister nach Substantiven geordnet, wobei die Adjektive jeweils nach den Substantiven stehen. Bei der sekundären Einteilung ist als Ordnungskriterium das erste Wort gewählt worden.

A

Abänderungsklage *siehe* Klage auf Abänderung eines Scheidungs- oder Trennungsurteils

Abänderungsverzicht *siehe* Verzicht, auf Abänderbarkeit der Unterhaltsbeiträge

Abschreiben des Verfahrens 72 f.

Abwesenheit einer Partei 38

Aktivlegitimation für Abänderungsklage in Kinderbelangen 86

Alimentenbevorschussung 93 f., 101

Alter des Kindes 39, 40, 41

Alters- und Invalidenvorsorge *siehe* Vorsorge, berufliche

Aktennotiz 40

Amtsbericht 42

Änderung der Scheidungsfolgen im Rechtsmittelverfahren 64 f.

Anerkennung 96

Anfechtung
- der Scheidungsfolgen 63 ff.
- der Scheidungsvereinbarung 51, 59 ff.

Angemessenheit
- der Anträge in Kinderbelangen 45
- der Scheidungsvereinbarung 51, 55 f., 79

Anhörung
- der Ehegatten 35 ff.
  - als Eltern 38 f., 41
  - analoge Anwendung auf die Trennung 89
  - freie Beweiswürdigung 34
- getrennt 37, 89
- Widerruf der Scheidungsvereinbarung 51
- zusammen 37, 89
- des Kindes 38 ff.
  - analoge Anwendung auf die Trennung 89
  - durch Vertreter des Kindes 46
  - freie Beweiswürdigung 34
  - Rechtsmittel bei Verletzung 67

Anordnungen über die Kinder *siehe* Kind, Anordnungen über die Kinder

Anschlussberufung 48, 65

Anspruch
- des Gemeinwesens 94
- gegen Pensionskasse 78, 92
- privatrechtlicher Natur 93
- sozialversicherungsrechtlicher Natur 92
- vermögensrechtlicher 82 f., 92

Anstalten zur Flucht 95

Antrag
- der Parteien
  - der Nichtgenehmigung der Scheidungsvereinbarung 51
  - gemeinsamer bezüglich Kinderbelange 50, 55
  - im Verfahren vor BVG-Gericht 80 f.
  - Offizialmaxime 42
  - Vertretung des Kindes bei unterschiedlichen Anträgen 44 f.
- der Vorsorgeeinrichtung 81
- des Beistandes für das Kind 45 f.

113

Sachregister

- des Kindes auf Vertretung im Prozess, Rechtsmittel 67
- *siehe* auch Rechtsbegehren

Anwalt *siehe* Rechtsanwalt

Anweisung an den Schuldner 23, 90, 93 f., 101

Aufhebung des gemeinsamen Haushaltes 26, 29

Aufhebung des Scheidungsurteils im Rechtsmittelverfahren über die Scheidungsfolgen 65 f.

Auflösung des Güterstandes *siehe* Güterstand, Auflösung

Aufsichtsbehörde, vormundschaftliche 25

Aufsichtsbeschwerde 67, 72

Augenschein 42, 46

Auseinandersetzung, güterrechtliche 50, 52, 79, 82

Auskunftsperson 34 f., 87 f.

Ausland
- Internationales Privatrecht 96 ff.
- Verzicht auf Anhörung bei Versagen der Rechtshilfe 38

Ausnahme
- von der Anwendbarkeit des neuen Verfahrensrechts 99 f.
- von der Einheit des Scheidungsurteils 82
- von der Pflicht der Anhörung 38, 39, 40
- von der Teilrechtskraft 58

Austrittsleistung *siehe* Vorsorge, berufliche, Austrittsleistung

B

Barauszahlung von Austrittsleistungen 54

Bedenkzeit 37, 89

Bedingung, Abhängigkeit des Unterhaltsbeitrages von 81

Befangenheit *siehe* Vorbefassung, unerlaubte

Befragung
- formlose 42
- *siehe* Anhörung

Beiseiteschaffen des Vermögens 95

Beistand für das Kind 43 ff., 67, 86, 88, 89

Bericht
- Amtsbericht 42
- Beizug 34, 41

Berufung
- eidgenössische
  - Anfechtung der Scheidungsfolgen 65 f.
  - Noven 48
  - Scheidung auf gemeinsames Begehren 62 f.
  - Teilrechtskraft 58
- *siehe* auch Rechtsmittel
- kantonale
  - Anhörung der Parteien 35
  - Scheidung auf gemeinsames Begehren 61 f.
  - Teilrechtskraft 58

Berufungsantwort 48

Beschleunigungsgebot 36 f.

Beschränkung der Rechtsmittelmöglichkeit bei der Scheidung auf gemeinsames Begehren 61 ff.

Beschwerde
- als Rechtsmittel des kantonalen Rechts *siehe* Aufsichtsbeschwerde
- staatsrechtliche 63

Bestätigung
- der Vorsorgeeinrichtung 57, 79
- von Scheidungswillen und Vereinbarung 37

Besuchsrecht *siehe* Verkehr, persönlicher

Betrag zur Deckung des gebührenden Unterhalts bei nachträglicher Erhöhung der Rente 77, 88, 89
Betreibung *siehe* Schuldbetreibung
Beurkundung, öffentliche 52, 53
Beweisaussage 40, 42
Beweiserhebungsverbot 34 f.
Beweismittel
– in Kinderbelangen 41 f.
– neue 48 f.
Beweisregeln 34
Beweissicherung für den Abänderungsprozess 76
Beweisverwertungsverbot 34
Beweiswürdigung, freie 34
– Abänderungsverfahren 87
– vorsorgliche Massnahmen 30
– Zeugeneinvernahme des Kindes 41
Bewusstlosigkeit 38
Bindung
– an die Scheidungsvereinbarung 51
– übermässige der Persönlichkeit 56
Bundesgesetz über die berufliche Alters-, Hinterlassenen- und Invalidenvorsorge *siehe* Gericht, BVG-Gericht/Vorsorge, berufliche
Bundesrechtssatz, allgemeiner 60
Bundesverfassung 21
BVG *siehe* Gericht, BVG-Gericht/Vorsorge, berufliche

D

Deckung des gebührenden Unterhalts bei nachträglicher Erhöhung der Rente 77, 88, 89
Dispositionsmaxime
– Schiedsgericht 82
– Sicherung der Unterhaltsbeiträge 95
– Verzicht auf Fristansetzung zur Scheidungsklage 71
– vorsorgliche Massnahmen 30 f.

Dispositiv *siehe* Urteilsdispositiv
Drittperson für Anhörung der Kinder 40
Durchführbarkeit der getroffenen Regelung über die berufliche Vorsorge 57, 79
Durchführung der Teilung der Austrittsleistungen 57, 79

E

Ehe- oder Familienberatung, Zeugnis- und Auskunftspersonunfähigkeit 34 f.
Eheschutzrichter, Zuständigkeit 26
Ehetrennung *siehe* Trennung
Einheit des Scheidungsurteils 82 f.
Einigung, umfassende
– Anhörung der Ehegatten 35, 36 f.
– Rechtshängigkeit 26
– *siehe* auch Scheidung, auf gemeinsames Begehren
Einkommensverhältnisse, Angabe der 76 f., 88
Einrichtung der beruflichen Vorsorge *siehe* Vorsorge, berufliche, Vorsorgeeinrichtung
Einschränkung der Rechtsmittelmöglichkeit bei der Scheidung auf gemeinsames Begehren 61 ff.
Einschulung 40
Einsprache 72
Einstellung des Scheidungsprozesses bei Konkurs 84
Eintritt
– der Rechtskraft *siehe* Rechtskraft
– des Vorsorgefalls *siehe* Vorsorge, berufliche, Eintritt des Vorsorgefalls
Einvernahme *siehe* Zeugeneinvernahme
Einvernahmeort 39 f.
Eltern
– Anhörung 38 f., 41
– Kosten- und Entschädigungsfolgen bei Vertretung des Kindes 46
– *siehe* auch Kind

Endentscheid 64

Entschädigung, angemessene 57, 80, 93

Entschädigungsfolgen *siehe* Kosten- und Entschädigungsfolgen

Ergänzungsklage *siehe* Klage auf Ergänzung eines Scheidungs- oder Trennungsurteils

Erhöhung, nachträgliche des Unterhaltsbeitrages 77, 88, 89

Erklärung über den Widerruf der Zustimmung zur Scheidung 65

Erläuterung der Vereinbarung 60

Eröffnung des Urteilsdispositivs gegenüber der Vorsorgeeinrichtung 79

Errungenschaftsbeteiligung 75

Ersetzen der Scheidung auf gemeinsames Begehren durch die Scheidungsklage 71 ff.

Eventualmaxime 47

F

Familienberatung *siehe* Ehe- oder Familienberatung

Familienmediation, Zeugnis- und Auskunftspersonunfähigkeit 34 f.

Familienwohnung 29

Faustpfand 95

Festsetzung, nachträgliche eines Unterhaltsbeitrages 77, 88, 89

Form
- der Anhörung des Kindes 39 f.
- der Bestätigung von Scheidungswillen und Scheidungsvereinbarung 37
- der Genehmigung der Scheidungsvereinbarung 53
- des gemeinsamen Scheidungsbegehrens für Eintritt der Rechtshängigkeit 26
- des Revisionsbegehrens 60

Forum running 23

Fragepflicht, richterliche 47

Freibeweis 34, 38, 41, 43

Freizügigkeitsgesetz *siehe* Gericht, FZG-Gericht/Vorsorge, berufliche

Friedensrichter *siehe* Sühneverfahren

Frist
- bei Fehlen der Voraussetzungen für das gemeinsame Scheidungsbegehren 27, 37, 71 ff., 89
- bei Gutheissung der Änderung der Scheidungsfolgen im Rechtsmittelverfahren 64 f.
- bei Überweisung an BVG-Gericht 80
- für Revision 60
- für Stellungnahme zum Beweisergebnis beim Freibeweis 42
- gesetzliche 72
- richterliche 72

Fristerstreckung 72

Furchterregung 54, 59

Fürsprecher *siehe* Rechtsanwalt

FZG *siehe* Gericht, FZG-Gericht/Vorsorge, berufliche

G

Gegenstandslosigkeit nach Fristablauf für Wechsel zur Scheidungsklage 72 f.

Gehör, rechtliches 42

Geisteskrankheit 38

Geldforderung 92

Genehmigung der Vereinbarung 50 ff.
- analoge Anwendung auf die Trennung 89
- bei Schiedsgericht 83
- berufliche Vorsorge 79, 92
- Rechtsmittel gegen Genehmigungsentscheid 59 f., 61

Genehmigungsfähigkeit, voraussichtliche 37, 50, 89

Gericht
- Anhörung der Kinder 40
- BVG-Gericht 52, 57, 78, 80 f., 82, 92 f., 97 f.

- FZG-Gericht *siehe* Gericht, BVG-Gericht
- nach dem Freizügigkeitsgesetz zuständiges Gericht *siehe* Gericht, BVG-Gericht

Gerichtskosten *siehe* Kosten- und Entschädigungsfolgen

Gerichtsstand *siehe* Zuständigkeit, örtliche

Gestaltungsrecht 65

Gesundheit, psychische und physische 39

Getrenntleben *siehe* Trennung/Scheidung, nach vierjähriger Trennung

Gewalt, elterliche 43
- *siehe* auch Sorge, elterliche

Gleichheitsprinzip 72

Grund
- für die Nichtgenehmigung der Scheidungsvereinbarung 54 ff.
- wichtiger
  - für Ausnahme zur Anhörung 40
  - für Vertretung des Kindes 44 f.

Grundbuchamt 60

Grundeigentum, Übertragung 52, 53, 55

Grundpfand 95

Gutachten 46

Gütergemeinschaft 75

Güterrecht
- Auflösung des Güterstandes *siehe* Güterstand, Auflösung
- Auseinandersetzung, güterrechtliche *siehe* Auseinandersetzung, güterrechtliche
- vorsorgliche Massnahmen 29

Güterstand, Auflösung
- Rechtshängigkeit 26
- Zeitpunkt beim Wechsel der Scheidung auf gemeinsames Begehren zur Scheidung auf Klage 75

Gütertrennung 91

H

Hauptintervention 44

Haushalt, gemeinsamer *siehe* Aufhebung des gemeinsamen Haushaltes

Höhe der Guthaben der beruflichen Vorsorge 57, 79, 81

I

Index *siehe* Lebenskostenindex

Inkassohilfe 90, 93 f., 101

Instanzenzug bei Zuständigkeit der Vormundschaftsbehörde 25

Intelligenzgrad 39

Irrtum 54, 59

J

Jugendhilfe 41 f.

Jugendpsychiater *siehe* Kinderpsychiater

Jugendpsychologe *siehe* Kinderpsychologe

Jugendsekretariat 41 f.

K

Kanton *siehe* Prozessrecht, kantonales

Kanton Zürich
- Berufung 63
- Beschwerde bei Verletzung des Rechts des Kindes auf Anhörung 67
- Einsprache 72
- Nichtigkeitsbeschwerde 63
- Novenrecht 47
- Rechtshängigkeit 28
- Rechtsmittel
  - bei der Scheidung auf gemeinsames Begehren 63
  - gegen erstinstanzlichen vorsorglichen Massnahmenentscheid 49

- Rekurs 63
- Revision 59
- richterliche Fragepflicht 47
- Sozialversicherungsgericht 78, 82, 92
- Teilrechtskraft 58
- Vorbefassung, unerlaubte 74
- vorsorgliche Massnahmen 31
- Vorurteil bei Anfechtung der Scheidungsfolgen 64
- Zeugeneinvernahme des Kindes 41

Kind
- Aktivlegitimation zur Abänderungsklage 86
- Anhörung *siehe* Anhörung, des Kindes
- Anordnungen über die Kinder 38, 41
- Beweismittel *siehe* Beweismittel, in Kinderbelangen
- freie Beweiswürdigung 34
- mündiges, örtliche Zuständigkeit 23 f.
- Partei *siehe* Parteistellung des Kindes
- Rechtsmittel 45 f., 67
- Rente *siehe* Unterhaltsbeitrag, für das Kind
- Scheidungsvereinbarung 50
- Unterhalt *siehe* Unterhalt, des Kindes
- Unterhaltsbeitrag *siehe* Unterhaltsbeitrag, für das Kind
- Untersuchungsmaxime 30, 41 ff.
- urteilsfähiges 44, 67, 86
- Vertretung 43 ff., 67, 86, 88, 89
- vorsorgliche Massnahmen 29

Kinderpsychiater 40, 41
Kinderpsychologe 40, 41
Kinderunterhalt *siehe* Unterhalt, des Kindes
Kindesschutzmassnahmen
- Abänderung 86
- als Anordnungen über die Kinder 38
- Rechtsmittel des Kindes 67

- Wahrung des Kindeswohls 43
- Vertretung des Kindes 45, 46
- Zuständigkeit 24, 25

Kindeswohl
- als Kriterium für Ausnahme der Anhörung 40
- Wahrung durch Offizial- und Untersuchungsmaxime 43
- Vertretung des Kindes 43, 45

Klage auf Abänderung eines Scheidungs- oder Trennungsurteils 85 ff.
- Genehmigung der Scheidungsvereinbarung 50, 52, 55
- freie Beweiswürdigung 34
- Inhalt des Urteils und der Vereinbarung in bezug auf Unterhaltsbeiträge 76 f.
- Novenrecht 4
- örtliche Zuständigkeit 23
- sachliche Zuständigkeit 24 f.
- Schiedsgericht 83
- Übergangsrecht 100
- Vertretung des Kindes 43

Klage auf Anweisung des Schuldners, örtliche Zuständigkeit 23
Klage auf Aufhebung der Trennung 89
Klage auf Ergänzung eines Scheidungs- oder Trennungsurteils
- Genehmigung der Scheidungsvereinbarung 50, 52
- Inhalt des Urteils und der Vereinbarung in bezug auf Unterhaltsbeiträge 76 f.
- Novenrecht 49
- örtliche Zuständigkeit 23
- Schiedsgericht 83
- Übergangsrecht 100
- Vertretung des Kindes 43

Klage auf Sicherstellung für künftige Unterhaltsbeiträge, örtliche Zuständigkeit 23
Klageänderung 48
Klageanhebung 27, 75

Klageeinreichung, Ansetzen einer Frist zur 27
Klarheit der Scheidungsvereinbarung 51, 55
Kognition bei Rechtsmittel gegen Entscheid der Vormundschaftsbehörde 25
Kompetenzattraktion 25
Konkordat über die Gewährung gegenseitiger Rechtshilfe zur Vollstreckung öffentlichrechtlicher Ansprüche 92
Konkurs der Vorsorgeeinrichtung 84
Konkursprivileg 94
Konstitutiverfordernis der Genehmigung der Scheidungsvereinbarung 52 f.
Konvention *siehe* Scheidungsvereinbarung
Kosten- und Entschädigungsfolgen
– bei Fehlen der Voraussetzungen für Scheidung auf gemeinsames Begehren und Fristablauf 73
– bei Novenrecht 49
– bei Revision 60
– bei Vertretung des Kindes 46 f.

L

Lebenskostenindex 77, 88, 89
Lugano-Übereinkommen 96

M

Magistratsperson mit Ruhegehalt 57
Mängel *siehe* Rechtsmängel
Massnahmen, vorsorgliche 29 ff.
– analoge Anwendung auf die Trennung 89
– Anhörung 35
– bei der Abänderungsklage 86 f.
– bei Wechsel von der Scheidung auf gemeinsames Begehren zur Scheidung auf Klage 73
– internationales Verhältnis 97
– Novenrecht 49

Mehrdeutigkeit der Scheidungsvereinbarung 55
Meinung des Kindes 42
Mündigkeit *siehe* Unterhaltsbeitrag für das Kind, beim mündigen Kind

N

Nachverfahren 83
Nebenfolgen der Scheidung *siehe* Scheidungsfolgen
Nebenintervention 44
Neubeurteilung der Unterhaltsbeiträge des Kindes 58
Nichtgenehmigung der Scheidungsvereinbarung 51, 54 ff.
Nichtigkeitsbeschwerde, kantonale 49, 62 f., 72
Noven 47 ff., 51, 88, 100

O

Obhut des Kindes 29
Offizialmaxime
– Abänderungsverfahren 87 f.
– Anhörung der Eltern 39
– Kinderbelange 42
– Verfahren vor BVG-Gericht 80
– Verzicht auf Abänderbarkeit von Kinderunterhaltsbeiträgen 56
– vorsorgliche Massnahmen 30
– Wahrung des Kindesinteresses 43
Ort der Anhörung 39 f.

P

Parteibefragung *siehe* Anhörung
Parteientschädigung *siehe* Kosten- und Entschädigungsfolgen
Parteistellung
– der Ehegatten im Verfahren vor BVG-Gericht 81

- der Vorsorgeeinrichtung 78, 81, 93
- des Kindes 40, 43 f., 67

Pensionskasse
- Zahlungsunfähigkeit 56, 87
- *siehe* auch Vorsorge, berufliche

Perpetuatio fori beim Wechsel zur Klage auf Scheidung 73

Privatrecht, Internationales 96 ff.

Protokoll
- Anhörung des Kindes 40
- Freibeweis 42

Prozess *siehe* Scheidungsprozess/Trennungsprozess

Prozessieren, unsorgfältiges 47 ff.

Prozessrecht, kantonales
- Anhörung der Ehegatten 37
- Beweismittel 34, 42
- Eingriff durch Bundesgesetzgeber 21
- Frist bei Fehlen der Voraussetzungen für die Scheidung auf gemeinsames Begehren 72
- Klage auf Abänderung des Scheidungs- oder Trennungsurteils 85
- Kosten- und Entschädigungsfolgen bei Vertretung des Kindes 46 f.
- Novenrecht 47, 48
- Rechtshängigkeit 26 f.
- Rechtskraft 58
- Rechtsmittel
  - bei der Scheidung auf gemeinsames Begehren 61 ff., 71 f.
  - der Vorsorgeeinrichtungen 79
  - gegen erstinstanzlichen vorsorglichen Massnahmenentscheid 49
  - gegen Scheidungsfolgen 63 ff.
- Revision 59 f., 87
- richterliche Fragepflicht 47
- sachliche Zuständigkeit 24
- Sozialversicherungsgericht 80
- Sühneverfahren 73
- vorsorgliche Massnahmen 30 f.

- Zuständigkeit bei der Vertretung des Kindes 45

R

Rechnungsfehler *siehe* Schreib- und Rechnungsfehler

Recht
- bisheriges *siehe* Scheidungsrecht, bisheriges
- dingliches 52
- kantonales *siehe* Prozessrecht, kantonales
- öffentliches 55
- Übergangsrecht 99 ff.

Rechtsanwalt 40, 45 f.

Rechtsbegehren, neue 48, 100

Rechtshängigkeit 26 ff.
- analoge Anwendung auf die Trennung 89
- Aufhebung des gemeinsamen Haushaltes 29
- bei Inkrafttreten des neuen Rechts 99
- Wechsel von der Scheidung auf gemeinsames Begehren zur Scheidungsklage 72 ff.

Rechtshilfe, Versagen der 38

Rechtskraft
- der Scheidungsvereinbarung 59
- des Urteils 58, 88, 90
- Fristbeginn bei Fehlen der Voraussetzungen für Scheidung auf gemeinsames Begehren 72

Rechtsmängel der Scheidungsvereinbarung 54 f., 59

Rechtsmissbrauch 56, 65

Rechtsmittel
- analoge Anwendung auf die Trennung 90
- ans Bundesgericht 89, 99 f.
- ausserordentliches 61 ff.
- bei der Scheidung auf gemeinsames Begehren 61 ff., 71 f.

- Beschränkung der Rechtsmittelmöglichkeiten bei der Scheidung auf gemeinsames Begehren 61 ff.
- der Vorsorgeeinrichtung 79
- des Beistandes 45 f., 67
- des Kindes 45 f., 67
- gegen Entscheide der Vormundschaftsbehörde 25
- gegen Entscheide des BVG-Gerichts 81
- gegen Entscheide betreffend vorsorgliche Massnahmen 49
- gegen letztinstanzliche kantonale Entscheide nach Inkrafttreten des neuen Rechts 99 f.
- gegen Scheidungsfolgen 63 ff.
- Kognition 25
- Novenrecht 47 f.
- Offizialmaxime 42
- ordentliches 61 f., 63, 90
- Rügegründe 62 f.
- Umfang des Eintritts der Rechtskraft 58
- *siehe* auch Aufsichtsbeschwerde/Berufung/Beschwerde, staatsrechtliche/Einsprache/Nichtigkeitsbeschwerde, kantonale/Rekurs/Revision/Verwaltungsgerichtsbeschwerde/Vormundschaftsbeschwerde

Rechtsnatur der Genehmigung der Scheidungsvereinbarung 52 f.

Rechtsöffnungstitel, definitiver 52 f., 79, 81, 93

Rekurs 63

Rente *siehe* Unterhaltsbeitrag

Revision 59 f., 61, 63, 87, 89, 90

Rückweisung im Rechtsmittelverfahren 65 f., 99 f.

S

Sachentscheid
- als Anfechtungsobjekt bei der Berufung 62
- bei Fehlen der Voraussetzungen für die Scheidung auf gemeinsames Begehren 71 ff.

Sachurteil *siehe* Sachentscheid

Sachverhalt im Zeitpunkt der Urteilsfällung 75

Sachverständiger 41

Scheidung
- auf gemeinsames Begehren
  - als Gesuchsverfahren 21
  - Anhörung der Ehegatten 35 ff.
  - Einschränkung der Rechtsmittelmöglichkeit 61 ff.
  - Fehlen der Voraussetzungen 27, 37, 71 ff., 89
  - freie Beweiswürdigung 34
  - Genehmigung der Scheidungsvereinbarung 50 ff.
  - kantonales Prozessrecht 21, 26
  - örtliche Zuständigkeit 23
  - Rechtshängigkeit 26 f.
  - Rechtsmittel 61 ff.
  - Untersuchungsmaxime 33
  - vorsorgliche Massnahmen 29
  - Wechsel zur Scheidung auf Klage 71 ff., 89
- auf Klage
  - als Prozessverfahren 21
  - Anhörung der Ehegatten 35 f.
  - freie Beweiswürdigung 34
  - Frist zur Scheidungsklage 71 ff.
  - Genehmigung der Scheidungsvereinbarung 50, 52
  - kantonales Prozessrecht 21
  - Novenrecht 49
  - örtliche Zuständigkeit 23

- Umwandlung einer Scheidungs- in eine Trennungsklage 48 f., 89
- Untersuchungsmaxime 32 f.
- vorsorgliche Massnahmen 29
- Wechsel von der Scheidung auf gemeinsames Begehren zur Scheidung auf Klage 71 ff.
- nach vierjähriger Trennung
  - Anhörung der Ehegatten 36
  - Untersuchungsmaxime 32
  - Vierjahresfrist 74 f.
  - Wechsel zur Scheidung auf Klage 72
- wegen Unzumutbarkeit
  - Anhörung der Ehegatten 36
  - Untersuchungsmaxime 32 f.
  - Wechsel zur Scheidung auf Klage 72

Scheidungsbegehren, gemeinsames *siehe* Scheidung, auf gemeinsames Begehren

Scheidungsfolgen
- Genehmigung 50
- Anfechtung 63 ff.

Scheidungsklage *siehe* Scheidung, auf Klage

Scheidungskonvention *siehe* Scheidungsvereinbarung

Scheidungsprozess
- Einstellung bei Konkurs 84
- Rechtshängigkeit bei Inkrafttreten des neuen Rechts 99
- Vertretung des Kindes 43
- *siehe* auch Scheidung

Scheidungspunkt, Beschränkung der Rechtsmittelmöglichkeit 61 f.

Scheidungsrecht
- bisheriges 21, 27, 34, 35, 39, 42, 43, 47, 50
- Übergangsrecht 99 ff.

Scheidungsurteil *siehe* Urteil

Scheidungsvereinbarung
- analoge Anwendung auf die Trennung 89
- Anfechtung 51, 59 f., 61
- Anhörung der Ehegatten 37, 89
- berufliche Vorsorge *siehe* Vorsorge, berufliche, Scheidungsvereinbarung
- Bestätigung 37
- Erläuterung 60
- Genehmigung 50 ff., 79, 83, 89, 92
- Inhalt in bezug auf Unterhaltsbeitrag 76 f., 88
- Rechtskraft 59, 90
- Revision 59 f., 90
- Unterhaltsbeitrag 76 f.
- Widerruf 51, 71

Scheidungsverfahren
- analoge Anwendung auf die Trennung 89
- streitiges *siehe* Scheidung, auf Klage
- Verhältnis zur Trennung 90
- *siehe* auch Scheidungsprozess

Scheidungswille 37, 71, 89

Schiedsgericht 52, 82 f.

Schlusstitel des ZGB 99 ff.

Schreib- und Rechnungsfehler 60

Schriftlichkeit, einfache 37

Schuldbetreibung der Vorsorgeeinrichtung 92

Sicherheitsleistung für Unterhaltsbeiträge 93, 95, 101

Sicherstellung für künftige Unterhaltsbeiträge 23, 93 ff., 101

Sistierung des Scheidungsverfahrens 80, 82

Sorge, elterliche
- Abänderung 85 f.
- Anhörung der Eltern 39
- Anhörung des Kindes 38
- Rechtsmittel des Kindes 67
- Unvollständigkeit der Scheidungsvereinbarung 55
- Vertretung des Kindes 44 f., 46

– Wahrung des Kindeswohls 43
– Zuständigkeit der Vormundschaftsbehörde für Abänderung 24 f.
Sozialarbeiter 40
Sozialversicherungsgericht 56, 78, 80 f., 82, 92
Sozialversicherungsrecht 55, 92
Stellungnahme
– beim Freibeweis 42
– zum Ergebnis der Anhörung 40
Steuerrecht 55
Streitverkündung 44
Streitwert 64
Subrogation 94
Sühneverfahren
– beim Wechsel der Scheidung auf gemeinsames Begehren zur Scheidung auf Klage 73
– gemeinsames Scheidungsbegehren 26
– Klageanhebung 27 f.

T

Tatsachen, neue 48 f.
Täuschung, absichtliche 54, 59, 65, 76
Teileinigung
– analoge Anwendung auf die Trennung 89
– Anhörung der Ehegatten 35, 37 f.
– Genehmigung der Scheidungsvereinbarung 50 f.
– Rechtshängigkeit 26
Teilgenehmigung der Scheidungsvereinbarung 53
Teilkonvention *siehe* Teilvereinbarung
Teilnichtgenehmigung der Scheidungsvereinbarung 53
Teilrechtskraft 58, 100
Teilung der Austrittsleistungen 52, 57, 78 f., 82, 92, 97

Teilungsverhältnis der Austrittsleistungen 52, 80, 92, 97
Teilvereinbarung 50, 51, 53, 79
Teuerung *siehe* Lebenskostenindex
Todesfallversicherung 95
Trennung 89 ff.
– als Scheidungsgrund *siehe* Scheidung, nach vierjähriger Trennung
– analoge Anwendung des Scheidungsverfahrens 89
– auf gemeinsames Begehren 89
– auf Klage 89
– Dahinfallen 90 f.
– freie Beweiswürdigung 34
– Genehmigung der Scheidungsvereinbarung 50, 52
– Inhalt des Urteils und der Vereinbarung in bezug auf Unterhaltsbeiträge 76 f.
– Klage auf Aufhebung der Trennung 89
– Novenrecht 49
– örtliche Zuständigkeit 23
– Umwandlung einer Scheidungs- in eine Trennungsklage 48 f., 89
– Untersuchungsmaxime 32
– Verhältnis zu späterem Scheidungsverfahren 90
– Wiedervereinigung 90 f.
Trennungspunkt *siehe* Scheidungspunkt
Trennungsprozess
– Einstellung des Prozesses bei Konkurs 84
– Vertretung des Kindes 43
– *siehe* auch Trennung
Trennungsvereinbarung 89
– *siehe* auch Scheidungsvereinbarung

U

Übereinkommen über die Rechte des Kindes *siehe* UN-Kinderkonvention

123

Sachregister

Übergangsrecht 88, 99 ff.
Überlegung, reifliche 37, 54, 71, 89
Übertragung *siehe* Grundeigentum, Übertragung
Übervorteilung 54, 59, 76 f.
Überzeugung, richterliche 32, 34, 89
Umwandlung einer Scheidungs- in eine Trennungsklage 48 f., 89
Unangemessenheit *siehe* Angemessenheit
Uneinigkeit betreffend berufliche Vorsorge *siehe* Vorsorge, berufliche
UN-Kinderkonvention 39, 86
Unklarheit der Scheidungsvereinbarung 51, 55
Unmöglichkeit der Anhörung 38, 39
Unterhalt
– der Familie 29
– des Kindes
  – als Anordnung über Kinder 38
  – Kosten für Vertretung des Kindes 46
  – Offizialmaxime 42
  – Wahrung des Kindeswohls 43
  – Zuständigkeit des Beistandes 46
– *siehe* auch Unterhaltsbeitrag
Unterhaltsbeitrag 76 f.
– für das Kind
  – Abänderung 85 f., 88
  – Angabe der Einkommens- und Vermögensverhältnisse in Urteil oder Vereinbarung 76, 88, 89
  – Ausnahme von der Teilrechtskraft des Urteils 58, 90
  – beim mündigen Kind 23 f., 58
  – Indexierung 77, 88, 89
  – Inhalt von Urteil und Vereinbarung 76 f., 88, 89
  – Unterscheidung zwischen Unterhaltsbeitrag für Kind und für Ehegatte 77, 88, 89
  – Verzicht auf Abänderbarkeit 56

– Vollstreckungshilfen 93
– Zuständigkeit der Vormundschaftsbehörde für Abänderung 24 f.
– für einen Ehegatten
  – Abänderung 85, 88, 89
  – Angabe der Einkommens- und Vermögensverhältnisse in Urteil oder Vereinbarung 76, 88, 89
  – Angabe des fehlenden Betrags zur Unterhaltsdeckung bei Vorbehalt der nachträglichen Erhöhung 77, 88, 89
  – Ausnahme von der Teilrechtskraft des Urteils 58, 90
  – bedingter bei Abhängigkeit der BVG-Ansprüche vom Unterhaltsbeitrag 81
  – Berücksichtigung des voraussichtlichen Ergebnisses der Teilung der Austrittsleistung 79 ff., 82
  – Indexierung 77, 88, 89
  – Inhalt von Urteil und Vereinbarung 76 f., 88, 89
  – Schiedsgericht 83
  – Sicherung 93 ff.
  – Unterscheidung zwischen Unterhaltsbeitrag für Kind und für Ehegatte 77, 88, 89
  – Verzicht auf Abänderbarkeit 56
  – Vollstreckung 93 ff.
– *siehe* auch Unterhalt
Untersuchungsmaxime 32 f.
– Abänderungsverfahren 88
– analoge Anwendung auf die Trennung 89
– Anhörung der Ehegatten 36
– Anhörung der Eltern 39
– Kinderbelange 41
– Verzicht auf Abänderbarkeit von Kinderunterhaltsbeiträgen 56
– vorsorgliche Massnahmen 30
– Wahrung des Kindesinteresses 43

Sachregister

Unvollständigkeit der Scheidungsvereinbarung 55
Unzulässigkeit der Scheidungsvereinbarung 51, 55
Unzumutbarkeit *siehe* Scheidung, wegen Unzumutbarkeit
Urteil
- Einheit 82 f.
- Inhalt in bezug auf Unterhaltsbeitrag 76 f., 88
- massgebender Sachverhalt 75
- Vereinbarung als Bestandteil des Urteils 59
- vorsorgliche Massnahmen nach Urteil im Scheidungspunkt 30
- *siehe* auch Sachentscheid/Vorentscheid
Urteilsdispositiv 53, 71, 79, 93

V

Vereinbarung über Scheidungsfolgen *siehe* Scheidungsvereinbarung
Verfahren
- bei Revision 60
- erstinstanzliches 48
- summarisches 31
- *siehe* auch Scheidungsverfahren
Verfahrensgrundsätze bei der Abänderungsklage 87 f.
Verfahrensrecht, neues 99 f.
Verfahrensvorschriften
- bundesrechtliche 62 f., 65, 90
- kantonalrechtliche 63
- Scheidung auf gemeinsames Begehren 63
Verfassung 21
Vergleich 51
Verhältnis
- internationales 43, 96 ff.
- wirtschaftliches 79
Verhandlungsmaxime 31, 95

Verkehr, persönlicher
- Abänderung 85 f.
- als Anordnung über die Kinder 38
- Anhörung der Eltern 39
- Anhörung des Kindes 39
- Rechtsmittel des Kindes 67
- Vertretung des Kindes 44 f., 46
- Wahrung des Kindeswohls 43
- Zuständigkeit der Vormundschaftsbehörde bei Abänderung 24 f.
Verletzung
- allgemeiner Vorschriften des Privatrechts 54 f.
- bundesrechtlicher Verfahrensvorschriften 62 f., 65, 90
- des Rechts des Kindes auf Anhörung 67
- kantonalrechtlicher Verfahrensvorschriften 63
- öffentlich-rechtlicher Bestimmungen 55
- scheidungsrechtlicher Vorschriften 54
Vermögensverhältnisse, Angabe der 76 f., 88
Vernachlässigung der Unterstützungspflicht 95
Verschleuderung des Vermögens 95
Vertrauensschutz 64
Vertretung des Kindes 43 ff., 67, 86, 88, 89
Verwaltungsgerichtsbeschwerde 81
Verzicht
- auf Abänderbarkeit der Unterhaltsbeiträge 56
- auf Fristansetzung zur Scheidungsklage 71
- auf Leistungen der beruflichen Vorsorge 54, 56, 78
Vierparteienverfahren vor BVG-Gericht 81
Vollständigkeit der Scheidungsvereinbarung 55

Vollstreckung 92 ff.
- Trennungsurteil 90
- Übergangsrecht 101

Voraussetzungen
- Fehlen der Voraussetzungen bei Scheidung auf gemeinsames Begehren 27, 37, 71 ff.
- für Vertretung des Kindes 44 f.

Vorbefassung, unerlaubte 74

Vorentscheid 62, 64, 82

Vorladung 36

Vormundschaftsbehörde
- Aktivlegitimation für Abänderungsklage in Kinderbelangen 86
- Berichtsbeizug der Vormundschaftsbehörde 41 f.
- gemeinsamer Antrag der Eltern über Kinderbelange 50
- Inkassohilfe 94
- sachliche Zuständigkeit 24 f.
- Stellung Erläuterungsbegehren 60
- Vertretung des Kindes
    - Entschädigung des Rechtsanwaltes 46
    - Voraussetzung 45
    - Zuständigkeit 45

Vormundschaftsbeschwerde 67

Vorschuss als Sicherung des Unterhaltsbeitrages 93 f., 101

Vorsorge, berufliche 52, 56 f., 78 ff.
- Abänderung 87
- angemessene Entschädigung 57, 80, 93
- Anspruch gegen Pensionskasse 78, 92
- Art der Durchführung der Teilung der Austrittsleistungen 57, 79
- ausländische Vorsorgeeinrichtung 57
- Ausnahme von der Einheit des Scheidungsurteils 82
- Austrittsleistung 52, 54, 57, 78 f., 80 f., 82 f., 87, 92 f., 97 f.
- Bestätigung der Vorsorgeeinrichtung 57, 79
- BVG-Gericht 52, 57, 78, 80 f., 82, 92 f., 97 f.
- definitiver Rechtsöffnungstitel gegenüber Vorsorgeeinrichtung 79
- Durchführbarkeit der getroffenen Regelung 57, 79
- Einstellung des Scheidungsprozesses bei Konkurs der Vorsorgeeinrichtung 84
- Eintritt des Vorsorgefalls 57, 80, 92 f.
- Entscheid über das Teilungsverhältnis der Austrittsleistungen 52, 80, 92, 97
- Entscheid über eine ersatzweise Entschädigung 80
- FZG-Gericht, *siehe* Vorsorge, berufliche, BVG-Gericht
- Gläubiger der Austrittsleistung 93
- Höhe der Guthaben 57, 79, 81
- internationales Verhältnis 97 f.
- Konkurs der Vorsorgeeinrichtung 84
- Magistratsperson mit Ruhegehalt 57
- Mitteilung an das BVG-Gericht 80
- Parteistellung der Vorsorgeeinrichtung 78, 81, 93
- Revision 87
- Rückfall der Austrittsleistung bei Wiederverheiratung 87
- Scheidungsvereinbarung
    - Angemessenheit 79 f.
    - Genehmigung der Scheidungsvereinbarung 50, 52, 54, 56 f., 78 f., 92
    - Inhalt 78 f.
    - Verbindlichkeit für Parteien und Vorsorgeeinrichtungen 79, 92
- Schiedsgericht 82 f.
- Schuldner der Austrittsleistung 93
- Teilung der Austrittsleistungen 52, 57, 78 f., 82, 92, 97

- Trennung 90
- Überweisung nach Entscheid über Teilungsverhältnis an das nach FZG zuständige Gericht 52, 80, 82, 92 f., 97 f.
- Uneinigkeit über die Durchführbarkeit der getroffenen Regelung 57, 81
- Uneinigkeit über die Höhe der Guthaben 81
- Uneinigkeit über die Leistungen der beruflichen Vorsorge 80 f., 92 f., 97
- Verfahren vor BVG-Gericht 81, 92 f.
- Verhältnis zu Unterhaltsbeitrag 79 f., 82
- Verzicht auf Leistungen 54, 56, 78
- Vollstreckung 92 f.
- Vorsorgeeinrichtung 57, 60, 78 f., 81, 84, 92 f.
- vorsorgliche Massnahmen 29 f.
- Zahlungsunfähigkeit der Pensionskasse 56, 87
- Zuständigkeit
  - des BVG-Gerichts 52, 57, 78, 80 f., 82, 92 f., 97 f.
  - des nach FZG zuständigen Gerichts *siehe* Vorsorge, berufliche, Zuständigkeit, des BVG-Gerichts

Vorsorgeeinrichtung *siehe* Vorsorge, berufliche, Vorsorgeeinrichtung

W

Wahrheit, materielle 47

Wechsel von der Scheidung auf gemeinsames Begehren zur Scheidung auf Klage 71 ff.

Widerklage
- nach Wechsel zur Scheidung auf Klage 71
- Untersuchungsmaxime 33

Widerruf
- der Scheidungsvereinbarung 51, 71

- der Zustimmung zur Scheidung wegen Anfechtung der Scheidungsfolgen 64 f., 71
- der Zustimmung zur Trennung 90

Wiedervereinigung der Ehegatten 90 f.

Wiederverheiratung 87

Wille *siehe* Scheidungswille

Willensmangel
- Abänderungsverfahren 88
- Angabe der Einkommens- und Vermögensverhältnisse 76 f.
- Nichtgenehmigung der Scheidungsvereinbarung 54
- Prüfung der Scheidungsvereinbarung 37
- Revision 59
- Rügegrund bei der Scheidung auf gemeinsames Begehren 62 f., 65
- Rügegrund bei der Trennung auf gemeinsames Begehren 90

Willkürverbot als Schranke der freien Beweiswürdigung 34

Wirkung, aufschiebende 60, 62

Wohnsitz *siehe* Zuständigkeit, örtliche

Wohnsitzwechsel 73

Z

Zahlungsunfähigkeit der Pensionskasse 56

Zeugeneinvernahme
- als Beweismittel des kantonalen Rechts 42
- des Kindes 38 f., 41
- Kosten- und Entschädigungsfolgen bei Vertretung des Kindes 46

Zeugnisunfähigkeit 34 f., 87 f.

Zulässigkeit, rechtliche der Scheidungsvereinbarung 51, 55

Zürich *siehe* Kanton Zürich

Zusatzvereinbarung 51

Zuständigkeit
- internationale 96 f.
- örtliche 23
  - Abänderungsklage 85
  - alternative 23, 96
  - analoge Anwendung auf die Trennung 89
  - ausschliessliche 23, 96
  - berufliche Vorsorge 52, 78, 80
  - bisheriges Recht 23
  - Genehmigung einer Scheidungsvereinbarung 52
  - internationales Verhältnis 96 f.
  - Vertretung des Kindes 44, 45
  - vorsorgliche Massnahmen 30, 97
  - Wechsel von der Scheidung auf gemeinsames Begehren zur Scheidungsklage 73
- sachliche 24
  - Abänderungsklage 24 f., 85
  - berufliche Vorsorge 52, 57, 78, 80 f.
  - Genehmigung einer Scheidungsvereinbarung 52
  - Übergang vom Eheschutz- auf Scheidungsgericht 26
  - Vertretung des Kindes 44, 45
  - Vormundschaftsbehörde 24 f.
  - vorsorgliche Massnahmen 30

Zustimmung zur Scheidung
- Untersuchungsmaxime 33
- Widerruf 64 f., 71

Zwangsvollstreckung *siehe* Vollstreckung

Zweck der Genehmigung der Scheidungsvereinbarung 51 f.

Zwischenentscheid 62, 65